# THE GLOBAL M&A TANGO
## How to Reconcile Cultural Differences in Mergers, Acquisitions, and Strategic Partnerships

# 全球并购中的探戈
## 如何协调文化差异

〔荷〕冯斯·强皮纳斯
（Fons Trompenaars）
〔荷〕马腾·尼霍夫·阿瑟
（Maarten Nijhoff Asser）
著

赵向阳 李姣
译

著作权合同登记号 图字：01-2016-0096

## 图书在版编目（CIP）数据

全球并购中的探戈：如何协调文化差异 /（荷）冯斯·强皮纳斯 (Fons Trompenaars)，（荷）马腾·尼霍夫·阿瑟 (Maarten Nijhoff Asser) 著；赵向阳，李姣译. — 北京：北京大学出版社，2018.3

ISBN 978-7-301-29166-5

Ⅰ.①全… Ⅱ.①冯…②马…③赵…④李… Ⅲ.①全球化—企业兼并—研究 ②企业文化—研究—世界 Ⅳ.①F271.4②F279.1

中国版本图书馆CIP数据核字(2018)第013095号

The Global M&A Tango: How to Reconcile Cultural Differences in Mergers, Acquisitions, and Strategic Partnerships
Fons Trompenaars, Maarten Nijhoff Asser
Copyright © Fons Trompenaars 2010
All rights reserved.
本书中文简体中文字版专有翻译出版权由Infinite Ideas Ltd公司授予北京大学出版社。未经许可，不得以任何手段和形式复制或抄袭本书内容。

| | |
|---|---|
| 书　　名 | 全球并购中的探戈：如何协调文化差异<br>QUANQIU BINGGOU ZHONG DE TANGE |
| 著作责任者 | 〔荷〕冯斯·强皮纳斯（Fons Trompenaars）<br>〔荷〕马腾·尼霍夫·阿瑟（Maarten Nijhoff Asser）著<br>赵向阳　李姣　译 |
| 责任编辑 | 周莹 |
| 标准书号 | ISBN 978-7-301-29166-5 |
| 出版发行 | 北京大学出版社 |
| 地　　址 | 北京市海淀区成府路205号　100871 |
| 网　　址 | http://www.pup.cn　新浪微博:@北京大学出版社 |
| 电子信箱 | em@pup.cn　QQ:552063295 |
| 电　　话 | 邮购部62752015　发行部62750672　编辑部62752926 |
| 印刷者 | 北京中科印刷有限公司 |
| 经销者 | 新华书店 |
| | 720毫米×1020毫米　32开本　6.5印张　130千字<br>2018年3月第1版　2018年3月第1次印刷 |
| 印　　数 | 0001—4000册 |
| 定　　价 | 32.00元 |

未经许可，不得以任何方式复制或抄袭本书之部分或全部内容。
版权所有，侵权必究
举报电话：010-62752024　电子信箱：fd@pup.pku.edu.cn
图书如有印装质量问题，请与出版部联系，电话：010-62756370

# 前　言

在公司并购整合过程中实现商业利益并创造财富不是一件容易的事情,因为它需要将不易融合的价值观整合在一起。如果容易的话,在过去的公司并购整合案例中这个目标就会经常得以实现。然而,正如我们所见,虽然商业利益是导致企业并购的原始动机,但是大多数的并购没有实现最初期望的商业利益。

关于成功完成一次兼并或收购所面临的挑战已有大量著述,其核心问题也是众所周知的。然而,组织所需要的是一个实用性的框架,这个框架要能够以所有利益相关者要求的结构化的、有条理的方式识别真正的问题,然后解决问题。这不是简单地克服现有组织之间的差异,而是积极地欣赏、利用这些差异，并通过整合双方的优点实现更好的绩效。

在过去的20年间，人们越来越意识到，在现代商业管理中需要同时考虑国家文化和组织文化。此外，领导者——即使是本地公司的领导者——将发现他们要领导和管理多元文化的劳动力。很多现有的文化概念框架在本质上描述了不同文化是如何在与他人的关系、与环境的相互作用、时间和其他类似的文化维度上赋予不同含义的。我们已经学会识别和尊重文化差异。但是，如果我们在努力整合不同的组织时止步于这些初级阶段，我们将会面临固化文化刻板印象的风险。现在，我们缺少一个过程，一个能从相互隔离的文化中创造出可持续和整合性价值的一致的、可靠的、可归纳的过程。

本书将向领导者和管理者展现这样的过程。这个过程基于以下的主张：文化需要共同的愿景、使命、战略、价值观以建立信任关系，进而实现经济价值。文化冲突从未停止。在这里，作者指的不仅仅是不同国家的文化，还包括不同的学科、职能、性别、阶级等所造成的文化差异。本书的作者们擅长识别并分析、整合双方面临的总体挑战，描述了很多实用的、以研究为基础的工具来帮助构建人力资源协同效应。

虽然任何一个整合项目都应该包括基本的业务层面的问题，但我们需要更多致力于管理新的合作伙伴在文化上已共享的和产生分歧的因素。我们同样需要考虑驱动变革和融合所要求的领导行为。

在合并各方建立起彼此之间的信任之前，全球化企业需要大量的"努力"和相互理解。很多利益相关者被牵涉其中，从股东到员工，从客户到管理层。跨文化联盟既涉及公司文化的差异，也涉及国家文化的差异，甚至会涉及竞争性职能部门，如研发部门和市场部门之间的文化差异。虽然外显的文化差异或多或少总会导致一些问题，但是，合并各方对彼此的公司文化和国家文化的感知同样会带来问题。作者通过运用他们在咨询实践和研究中磨炼多年的两难问题框架，展示了如何在各类价值观维度和不同的文化中建立信任。

当然，最终的成功取决于我们是否能够使拥有不同文化视角的人在新的组织中投入到这个有意义的、有价值的讨论中。本书提供的新方法关注于整合价值，而整合价值来源于将两个看似对立的价值观导向合二为一，并从融合中成倍地受益。这个过程始于同时也终于我们从一开始识别差异、尊重差异的能力。这种方法内化并协调差异，进而实现远远超出传统的兼并价值。因此，它从一开始就利用了合并后新组织的内生增长潜力和创新能力。

本书将帮助管理者理解并获得他们员工的潜力。这就好比探戈，探戈的概念本来是指通过舞蹈帮助人们实现他们与生俱来的潜力，但同时舞伴之间协调的肢体动作和长期配合而产生的和谐也能够激发身体和精神上的共鸣。俗话说"孤掌难鸣"，如同探戈之舞一样，公司并购需要经营的是婚姻，而不仅仅是举行婚礼。

Peter Woolliams
Trompenaars Hampden-Turner咨询公司资深合伙人，
兼英国安格利亚鲁斯金大学荣誉退休教授

# 致　谢

就像任何成功的并购整合一样，本书的诞生是一个真正结合了不同客户经历、不同咨询类型、不同方法及生活在不同时区的两个作者的始终不一致的工作日程的成果。在进行研究和写作本书的过程中，我们试图通过将不易结合的价值观融合在一起来创造价值。很多时候，我们是在赶去与客户面谈的间隙时写作，例如，在飞机上、火车上、公交车上或在驾车过程中。在与我们的朋友和挚爱之人追求自己生活的同时，我们写下了自己的观点和与客户接触的经历，并在最后，我们连接和分享了本书创作过程中所经历的一切的价值。

然而，就像解决和整合艰难的两难问题一样，我们不可能独立完成本书的创作。除了从作者彼此间及很多客户那儿获得的激励，以及从我们曾经参与过的成功的整合案例中获得的启示以外，我们还从我们的业务伙伴Peter Woolliams教授不屈不挠的精神和无尽的支持中获益匪浅。没有Peter，我们无法完成本书。Peter的工作再次证明，一名客观的、经验丰富的专业人士可以将作者对本书的贡献整合到一个更高的境界。彼得工作高效，并尽力提取出我们世界观中的精华部分。如果没有他的协调能力，本书不可能像现在这样完整。对于我们的成就，我们感到十分自豪，但是我们也谦卑地认识到，若没有彼得的帮助，我们不可能完成此书。

Charles Hampden Turner不断地激励着我们，他开发并教导了我们两难问题及其相关的理论。该理论认为，两难问题对于组织、团队和领导者是一个创造价值的过程。Charles一直是我们很多观点和方法背后的智慧力量，没有他的教导和激励，我们不可能完成本书。

在我们写作本书的过程中，还有很多人激励着我们。首先是那些领导者，他们畅所欲言，向我们展示出自身及其管理团队所面临的两难问题。这意味着极高的领导诚信，而这种领导诚信可以阐明和分析任何一个组织在其决策金字塔顶端所面临的两难问题。我们以螺旋动力（spiral dynamics）①的方式感谢你们。还有许多朋友和同事通过将我们的思想

---

① "Spiral dynamics"是本书作者们面对两难问题的一种解决思路，类似黑格尔的螺旋式上升。这里是一种幽默的表示。——译者注

扎根化和情景化，进一步使得我们的思想简洁化和目标明确。我们需要特别提到的是Yury Boshyk，Bill Smillie，Anne Wargo，David Hurst，Sudhanshu Palsule，Monica Hill，Liz Melon，Tony Brown，Igor Tkachenko，Gert Jan Mulder，Paul Govers，Esha和Maya，以及我们的阿根廷朋友Julio Aranovitch和Patricia Janssen。

冯斯·强皮纳斯<br>马腾·尼霍夫·阿瑟

# 本书结构

在第一部分,我们关注人们为什么总是有进行并购的商业兴趣,什么是组织整合的定义,以及过去一些并购案失败的主要原因。

在第二部分,我们详述了关于整合、兼并、收购等的方法,并分享了我们的经验。我们的方法具有实用性、简洁性和全面性,而且已经被我们客户的详细案例所验证。整个过程从建立与企业紧密相关的愿景和使命开始,然后是如何克服整合过程中所遇到的大量常见的阻挠、障碍,我们聚焦于关键的驱动力、客观指标和KPI;我们要监控、评估新的组织文化,并使其逐渐生长起来。我们关注的重点是人际关系、领导者潜在的价值观和行为,以及这些要素是如何支持战略实现过程的。领导者是整合性变革中的搬运工，他们担任着管理者和老师的角色，将两个旧组织中的知识转移到一个新合并的组织中去，并建立使其能够持续生长的框架。

我们在两难问题框架内工作，这可以帮助我们实现愿景和价值观匹配。我们已经开发了一个系统的、结构化的流程，这个流程能够克服整合过程中的大部分常见障碍，并且鼓舞组织通过创新整合和内生增长实现发展。

在第三部分，我们更深入地研究了人际关系管理和相关的两难问题。我们探讨了信任，这是人力资源整合的基本支柱；然后我们谈到了人际关系的基本假设和维度，这是组织合并中建立信任和创造价值过程中的分析性要素。

合并导致了大量的两难问题，我们需要一个流程来识别、正视并协调这些两难问题。

通过协调合并之前相互独立的各个公司之间的差异，我们可以建立一个发展人力资本、核心价值观、人才管理、领导行为、高管培训和很多正在进行的业务流程的共同平台。协调合并中最艰难的两难问题能够在短期和长期实现最大的商业价值。

# 目录

第一部分　情境：组织整合与人际接触　　1

第二部分　介绍：三阶段十步骤框架　　21

阶段 A：创造令人信服的商业案例　　26
　　第一步：提炼（重新定义）愿景、使命　　26
　　第二步：捕捉商业两难问题，评估商业挑战　　36
　　第三步：评估使命和价值观　　52
　　第四步：选择价值观和行为　　75
　　第五步：整合商业案例　　110

阶段 B：运用目标和关键绩效指标开发实施战略　　112
　　第六步：调查关键驱动力　　112
　　第七步：通过目标和关键绩效指标制订实施计划　　115

阶段 C：实现和巩固利益　　132
　　第八步：系统性一致　　132
　　第九步：价值观与文化意识项目　　145
　　第十步：持续不断地反复评估：监控产生复合型文化的变革过程　　147

第三部分　关系和两难困境　　149

总　结　　181

如何从两难问题中获益？（代译后记）　　185

# 第一部分

## 情境：
## 组织整合
## 与人际接触

大量企业通过兼并、收购和战略联盟实现全球业务扩张。即使在2008—2009年金融危机期间，银行业陷入困境，信贷受到限制的时候，股权交易也依然日渐增多。

越来越多的商业活动在寻求兼并、收购和战略联盟，这不仅仅是为了实施全球化战略和必要的重组，而且是政治、金融、监管相互作用的结果。P&G、J&J、IBM、GE、Pfizer和Cisso等全球公司，以及Tata & Sons、Mahindra & Mahindra、海尔、联想、汇丰银行等都有并购战略，伴随其并购战略的是在管理风险的同时促进增长的内生增长战略。一些公司会和竞争者或者昔日的竞争者进行合作；另外一些公司寻求与特定市场或者行业的企业进行整合；一些公司将某些业务外包，或者为其他组织提供特定的业务。不同形式的整合是当今商业世界的一个突出的特点。

## 这并不容易……

在整合过程中实现商业价值、创造财富，并不是一个直截了当的过程。各种形式的整合在数十年间不断上演，但即使借鉴了所有的经验，三分之二的企业整合仍然无法实现其最初预期的商业利益。人们采用各种不同评估方法来衡量、调查并购成功率，因此我们很难对并购的成功率进行比较，但是，大部分调查得出的结论是：并购的成功率在三分之一左右；而有些调查发现，从长期效果来看，只有五分之一的并购是成功的。①

然而，如此低的成功率似乎并没有抑制企业希望通过某种形式的整合来追求成长的热情。鉴于目前的经济和金融环境，全世界的商业领导者需要比以往更严格地管理他们的资源和资产，才能建立起可持续增长的能力，来抵御衰退、不断壮大。

很多专家预测，未来将有两种相互矛盾的商业趋势，这两种趋势都起源于2009年：一方面，出现了大量的撤资和分拆业务，特别是在金融服务行业；另一方面，在全球性竞争加剧导致的全球化可持续发展的压力下，我们看到了一轮日益增多的整合和重组。大型公司将会大量涌现，不过它们的力量依赖于灵活性和敏捷性，而不仅仅是经营规模或经营

---

① Booz Allen Hamilton study 2001 "Merger Integration: Delivering on the Promise", and KPMG Consulting M&A Study Report 1999.

范围。公司正意识到它们不得不以商业生态学的方式运营，互相依赖才是真正重要的，而不是独立或者单向依赖。新兴市场将找到更灵活的资金来源，联合企业将利用和改变它们的市场战略，使得其他企业不得不做出快速调整。即使大型的美国公司也越来越多地雇佣美国以外的员工，而且很多公司超过一半的营业额来自海外（如GE、Corning、IBM、J&J等）。印度、中国和南非的公司正在收购和整合英国、美国及亚洲和非洲各地的公司（Old Mutual、联想、海尔、Tata、Mahindra等）。不断的变化、经济浪潮、金融泡沫、不确定性和风险评估更加强调了要增加产量、影响员工、与其他企业的跨境合作及整合之前的竞争者的能力。

领导者将会面临经常出现的两难问题或者表面上的权衡取舍，他们不得不和管理团队一起制订解决方案，并在组织内外复杂的战略关系中引导企业实现创造可持续增长和价值的最终目标。

## 定义

尽管兼并（merger）、收购（acquisition）和战略合作伙伴（strategic partnership）这三个词包含了相似的情形与挑战，但它们是不同类型的组织之间的联合。

收购是指一个公司买下另一个公司，将其整合到自己的组织中。兼并是指将两个组织整合成第三个实体，即使原有的两家公司规模不同。兼并的形式众多，很多彻底的收购会在媒体上被宣传成兼并。战略合作伙伴或者联盟（alliance）是指为了某种特定的目的或者某个既定的项目，将组织中的一个部门或者更小的部分进行整合。当然，我们也可能会看到最初的战略合作伙伴最终演变成被兼并或收购的对象。

本书的目的不在于区分不同类型的整合，而是广泛关注拥有共同使命或目标的组织间整合中所暗含的文化挑战，无论这些共同的目标是什么。考虑到这一点，我们在本书中提到的"合并"包括兼并、收购、战略合作伙伴、联合项目团队，以及其他任何形式的整合，这些整合包括了人们为了实现比简单相加更大的利益而进行的组织和重组。我们要从人际关系及其战略目标一致性的角度来探讨整合中面临的挑战。

**合并中的乐观主义和决定成败的关键要素**

KPMG（1999）和Booz Allen Hamilton（2001）的报告显示，超过三分之二的合并未能实现他们自己的目标。然而，在我们的咨询工作中，我们看到合并的成果在过去的5年内有了一定程度的改善。怀疑论者可能会说这是因为融资的约束使得购买价格变得更加符合实际。一些报告显示，在2005—2008年之间，被收购公司的价格是EBITDA（未计利息、税项、折旧及摊销前的利润）的16倍。

同样有证据显示，公司变得更擅长合并，并意识到它们需要将更多的注意力放在人员因素、关系管理、沟通、信任，以及清晰的人员流程和人力资源整合战略上。新的关注点带来的结果是，我们在IBM、Cisco、Compass（餐饮业）、J&J、Linde AG和Vodafone身上看到了巨大的成功。Bank of America与Merrill Lynch的合并将是一个可供观察的有趣案例，我们将关注这次合并在未来是如何发展的。

在看到逐渐成功的迹象的同时，我们从自身的研究和顾客处得知，合并后的组织会面临很多挑战。如果它们不能成功地识别并关注关键问题，不能质疑（文化）假设（这两个问题都将在下面详细讨论），或者不能评估及配置合适的资源，就会在合并中出现问题。

## 聚焦关键问题

当我们审视合并中的关键问题时，我们通常会将问题分为硬性问题和软性问题。如何管理这些问题从根本上决定着合并的成败。

我们首先看看硬性问题。

### 评估协同效应和成本节约

评估兼并或收购的协同效应和成本节约，能使合并各方明确各自的方向，并决定了合并中需要采用的步骤和流程。

在交易协商和早期评估中,这个环节将基本保证已经明确的利益是清晰的、可以实现的,比较关键。

协同效应和成本节约评估过程通常关注采购、研发投资、新产品开发,以及分销渠道和供应链分析。检验运营成本的降低时通常要考虑人员裁减,这通常是最难达到和实施的协同效应。员工流失是合并带来的不可避免的结果。我们从KPMG(1999)的研究中发现,很少有公司能够避免含有裁员意图的声明。平均来讲,50%的管理者会在收购或兼并后的一年内离开,因此,准确地分析合并战略中新企业的愿景、使命、价值观是否得到及如何得到完全地联合,是十分重要的。关键业务和文化两难问题的(再)联合形成了整合过程的基础。同样,评估裁员过程中潜在的、固有的两难问题也极其重要。

**项目计划整合**

第二个重要的功能是项目计划过程的整合,它表述了合并后的组织以何种方式实现协同效应,并能够提供现实中的证据来表明一切都是稳定地变化着的。通过选择项目计划团队和设定的目标,合并战略得以沟通。组织内的广大员工会小心翼翼地关注这个过程——尽管员工与整合过程本身没有直接关系,但是他们都会受其影响。

**尽职调查**

尽职调查对于交易前的非运营活动具有根本性的重要意义。它使得收购方关注于市场评论、风险评估、管理能力和协同效应，从而对公司运营产生影响。尽职调查通常不涉及对两个公司文化的全面审查，而仅仅是停留在财务评估和报告工具的领域。

## 质疑（文化）假设

以下这些习惯上被称作"软性问题"的挑战，构成了我们创建人力资源整合过程的核心。

### 选择管理团队

合并后新企业的管理团队要具有特别强劲而明显的领导力和方向，才能实现企业的价值。然而通常的情况却是，管理团队的选择要么是极其仓促地决定的（比如Bank of America和Merrill Lynch），并且带有明显的权力和职位倾向；要么是太过缓慢，严重影响了积极性和士气，进而导致了重要管理人才的流失，更不必说投资者随着时间会变得不耐烦导致市场价值减少。由于这个原因，我们需要更加关注发起合并的领导者，以及整合管理团队成员的特定技能。这些人需要成为战略、组织结构、团队文化间的差异和两难问题的真正协调者。我们开发了一个框架，用以评估和训练他们识别冲突和两难问题，并且提供了能够在所有层面带来整合价值的协调技术。

### 解决文化问题

在大多数研究中，合并失败的主要原因是"文化差异"。为了从以往的整合失败中吸取教训，我们需要更好地处理这些文化的问题。我们需要一个系统的、三元的方法来评估文化差异，并使其在管理层内外沟通和传达。在这一点上，有很多可用的工具能够帮助我们，我们将在本书后面的章节中分享其中的几个。但更重要的是，我们发现解决文化问题不只是评估文化差异和/或解决潜在的挑战那么简单。

我们的咨询过程通常开始于使用多种评估方法来识别关键整合问题并为其排序。总的来说，组织和国家文化问题的难点在于，这些问题的潜在的基本假设在很大程度上是隐性的，没有被明确说出来。我们花费了20年的时间来使这些文化问题显性化，并给它们的重要性排序。通过运用一致的、经过充分研究的方法和工具来引出合并中的文化问题、挑战和两难问题，可以在早期极大地改善企业整合流程。合并中所创建出的新文化要吸收合并双方文化的精华，并且能够应对新的战略挑战，这一点至关重要。

**沟通**

就像我们需要关注合适的业务流程一样，我们也需要关注沟通。沟通需要始终如一，并且是可信赖的、可重复的。行业领导者们知道，任何成功的信息传达需要以多种不同的方式重申多次。管理团队永远都不要担心沟通太多。正如1999年KPMG的报告结论："比起与股东、与供应商或与客户的沟通，与员工的沟通对并购的作用更大。与员工沟通不畅将对并购产生重大的不利影响。"

中层管理者和基层员工经常看不清楚合并给他们带来的机遇，而且他们很少被纳入常规的沟通中。在合并过程中识别正式的和非正式的建立沟通渠道的方法非常重要。有些组织将沟通计划置于整个整合过程的中心地位，而有些组织仅仅将沟通看作合并过程中需要实施的众多任务之一——通常前者比后者更易获得成功。

在大多数研究中，人们发现导致合并失败的两个主要原因是没有选择好管理团队和没有解决好文化问题。但是我们的咨询工作证明，影响合并成败的原因中，沟通问题造成的后果通常是其他因素效用的几倍。在合并组织面临两难问题时，有效的沟通能力会变得越发重要。领导者需要创建两难问题图，以识别和分析合并中棘手的挑战，并与其他人沟通应对这些挑战的战略途径。两难问题图传达了共同语言、支持愿景，整合了建立战略联盟和组织承诺的需要。两难问题图变成了促进核心项目团队和其他员工进一步相互理解的讨论模型。我们将会在本书的后续章节详尽阐述两难问题图的力量。

**流程整合**

我们关于合并成功的研究发现，每一个要素对促进成功、实现目标都起到了基础作用。然而，这些关键要素不能独立地最大化潜在利益——这些活动必须被纳入一个统一的整合流程，才能使新企业将合并后的成果最大化。

一次成功的合并与一个独立的公司一样，对过程有相同的要求：

- 愿景和使命：阐明合并的目的是什么；
- 目的：阐明合并中各方所持的立场；
- 战略：阐明能够达成的目标；
- 强有力的价值观：用以指导处理公司内外的所有重要关系。

众多的两难问题和挑战使得每个合并过程都独一无二。我们需要承认这些独特的文化和两难问题，同时，我们也提供了一个一致的、可信赖的、可重复的流程，以促进合并的成功。

## 合并的目标

在讨论合并的成败之前，我们需要明确对于成功和失败的评价标准。大多数组织将股东价值作为最终的目标和成功的评价标准。但是，如果我们只关注短期内的财务绩效，采用精确的财务指标如股价、股利来评价，我们就会忽视那些能够提供更加持久的股东价值的复杂因素的多个层面。我们采访了几千位国际企业的领导者，并查阅了大量管理类文献，我们发现很多组织在其商业周期内会同时致力于五个

（下面清单中的第三到第七项）或者以上的并行的目标。这五个目标，是与组织愿景、价值观及相应的战略目标（下面列出的第一和第二项）这些重要目的息息相关的。

1. 达成（共同的）愿景；
2. 在合并后达成战略目标；
3. 改善整体业务流程；
4. 在行业内外成为"最好的工作场所"；
5. 在合并过程中维持和提升客户满意度；
6. 维持和提升对社会的总体贡献，以及普遍的社会、政治和经济认同；
7. 所有其他可以增加股东价值的。

这些并行的目标给新企业带来了两难问题和价值观冲突，我们将会在考察"十大黄金两难问题"时详细探讨。

**人际接触：整合的价值**

组织通常是由于他们固有的价值（股东价值）而被收购，而不是因为想要实现所有人员能力的全面整合。更广范围的其他方面的预期收益可能包括协同价值（如交叉销售、供应链整合和规模经济等），或者更直接的战略价值（成为市场领导者、渗透现有的客户基础等）。然而，很多时候交易前后的管理过于关注新机会的快速开发，从而导致管理者以机械的或者财务的尽职调查的思维模式进行思考，认为仅仅依靠技术、运营、财务系统和市场方法的结合就可以带来利益。[①]

相比之下，合并中的人际关系部分通常被低估，用于评估权力和信任价值的尽职调查方法很少，用于恰当地描绘出新公司架构内外新旧利益群体之间关系管理流程的方法也很少。随着人才管理团队承担更加全球化的角色，并将他们的战略成长目标与企业扩张、整合目标联系起来，我们欣慰地看到这个趋势将会改变。

### 人力资源整合对系统方法框架的需求

合并无法带来所预期的效益主要和两个问题有关：一是支付了过于乐观的价格；二是缺乏一个针对整合的系统的、结构化的方法框架，这个框架提供了一种实现人力资源核心商业价值的方法。不过，我们如何在商业环境中评估人际交互的力量和价值呢？

如果没有一个能够回答这个核心问题的框架，高管们在分配人力资源、确定行为优先级、实现协同效应的时候，就只能从财务和资本资源的角度考虑，而没有其他原理可以遵循。而正如我们所指出的那样，如果仅仅以严格的财务或资本评估为基础，从长期效果来看，大多数合并会造成金钱和资本上的浪费。

---

① KPMG Consulting M&A Study Report 1999.

由于人力资源比财务或资本资源更具有动态性和多元性，评估人力资源的财务价值是非常困难的。因此，尽管很多人都在尝试，最终却都仅仅证明了评估人力资本的投资回报率十分困难。评估本身也是一个难题。首先，这些要素是非线性的、无形的、难以测量的；其次，你又如何评估随着时间变化，这些要素产出的增减量是多少呢？

我们在二维网格上开发了一个动态的评估方法，这个网格包括了体现人类决策能力价值（现在的和理想的）的两个对立的价值观导向。

例如，当一家德国矿业巨头兼并了一家美国矿业公司，德国式领导力对决策的把控压抑了美国公司的灵活性和自主性。美国公司的领导者想和另一家美国公司快速地达成一笔交易以买进急需的技术，然后将矿山卖给美国的第三家公司。由于他们需要从缓慢、凡事求稳的德国决策者那里获得批准，而德国决策者还要听取包括员工委员会在内的大量利益相关者的意见，因此美国领导者的努力遭遇阻碍。

我们可以这样总结上面的挑战：一方面，如果我们要从稀缺的市场机会中获利，我们需要一个快速决策流程。另一方面，我们又需要一个安全、稳定的决策程序，在不同利益相关方之间达成一致意见。这个两难情境是潜在价值观导向两个对立方面的具体体现，这种对立没有可持续性，因为这两种导向是完全互斥的。这个挑战的构造如图1.1所示。图中的妥协区域实际上是这个案例中真实发生的情况：

美国公司买下了第三家公司,但是立即将其卖给了另一个买家,这次交易产生了财务利益,但没有得到更多的实质利益。

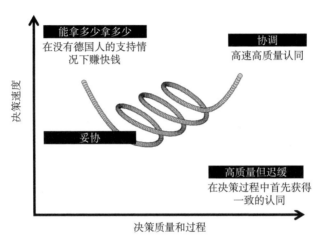

图1.1 采用不同决策方式的合并之前的公司

这次事件以后,德美双方坐到一起,共同分析、解决这次交易过程中显现的矛盾。随着双方对这个两难问题的探讨,他们意识到双方对立的价值观导向的协同效应可以使公司收获巨大的利益。现在,这已经成为评估人力资本协同价值的极好方法。当领导者们能够统一思维,并且能够遵循一套流程来识别、尊重和调解存在于彼此之间的挑战时,整合价值就能实现和被评估。

以上这个案例是基于两个看似对立的价值观导向的。这些价值观导向可以被理解成差异/二元性,只要我们把这些价值观导向的两极组合成"一对儿",使这两极都能被积极地表达出来,我们就能评估这两个看似对立的价值观相互冲突的状态,并在二维网格上"打分"。

一旦我们建好了起始点,我们也能指出要达到的理想的点,甚至有可能指出从现在的点到理想点的路径(就像图1.1中螺旋形所表示的那样)。二维网格的运用使我们能够测量不同区域之间的分数差值,并且能够测算出随着时间的推移而产生的增量。我们将在本书的后续章节详细叙述这个方法。

我们要重点理解的是:差异就是价值,当我们对同一核心价值观有两种不同的积极定位或者解读时,这些定位或者解读之间的差异就能够产生价值。我们现在要仔细研究人类的活动和沟通(决策制定、谈判和报告等),并将这些行为的目的和结果在一张由两种看似对立的价值观导向组成的地图上定位。这种尝试不仅富有启发性、远见性和促进性,而且也是一次识别和评估并购重组中人际关系价值的重要尝试。这种尝试也可以延伸到其他人类关系的重组中。

在组织变革复杂的背景下,人与人之间的互动对最终的价值创造能够产生重大作用,因此,我们需要对人力资源整合的方法做出描述和评估。以一致的、可信赖的、可重复的方式在组织内频繁地整合和增加这种效应的能力将为组织带来竞争优势。

## 兼并和收购中的元两难问题

我们将在本书中使用二维坐标图描绘整合中存在的挑战。我们用一个x-y坐标来表示这两个维度,以及它们之间的相互联系。稍后我们会更详细地解释运用这种方法的理由和优势。这里我们先用图1.2来描述"收购"和"被收购"这两个端点的元两难问题。

我们把"接管"与"被接管"两种情形设置成相互垂直的两个坐标轴,意味着这两种情形并不是互斥的,而且"非此即彼"的方法并不能将其中的一方最优化。如果我们只考虑"接管"轴,顺着这个轴走到顶端,我们最终将停留在"熊抱"这个地方(1, 10)。网格上的每个端点都用一个别称或特征描述,这个别称的寓意会同时包括积极的一面(比

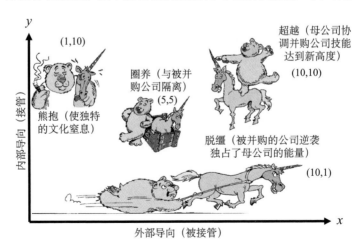

图1.2 文化整合的管理策略

如拥抱)和消极的一面(如被挤压)。通过这种方式绘图,我们会发现每一种极端情况都是不健康的。尽管"熊"文化收购"独角兽"文化时是因为"独角兽"的独特性,但是实际上将"熊"的方式运用到被收购公司将会扼杀"独角兽"的这些独特性。这样的行为在20世纪90年代末和21世纪初十分普遍,例如,当GM和大型的制药公司买进创新型公司时,GM的文化反而消灭了被收购公司的创新、市场导向等理念。

在网格的另一端(10,1),我们可以看到"独角兽"文化在前面奔跑,熊跟随其后。注意看这只熊脸上焦虑的表情。它对此次收购并没有完全的信心,不是吗?

坐标系中间的地方(5,5)描述了一个妥协的情景:并购双方都同意稳扎稳打,采取折中的方式。有很多方式会导致这种僵局,我们通常将其比作"掺葡萄酒的水"或"不伦不类"。并购双方没有从整合中得到任何好处,收购方和被收购方之间也没有发生任何学习的迁移。表1.1描述了网格中展示的不同情况。

我们查阅了大量的相关研究,并将这些研究结果与我们在咨询实践中的经验相结合,结果表明,坐标系右上角的(10,10)范式代表了企业合并后可持续发展的未来,而且能够带来商业利益。我们把到达这个位置的路径称为两难问题的协调过程。

当然,有很多方法都可以到达这个位置,现实中也出现了很多优秀的例子。IBM前首席执行官Lou Gerstner的书

《谁说大象不能跳舞》（*Who says elephants can't dance*）中暗示蓝色巨人需要足够灵活才能跳探戈。正是基于此，IBM和PWCC演绎了一场变革的整合之舞。而Cisco多年以来遵循的是另一条不同的路径，它悄无声息地潜入被收购公司，用Cisco的财务系统替换被收购公司"本土"的财务系统，从而使本土管理不受干扰地将关注点放在业务扩展和销售上。Cisco的全球资源管理能力可以驱动本地创新型业务，同时，能够在财务平稳的基础上评估整合机遇。

我们通过设计严谨的问卷、结构化访谈和焦点小组访谈等方式收集的数据证明，当组织能够快速协调、整合它们的不同观点时，组织就能够实现它们所预期的联盟或合并的收益，甚至有时会超出它们的预期。

所有的文化都有其完整性，我们并不想失去这种完整性。如果想让合作和整合有效，我们需要让别人去成为他们自己。这就是为什么我们需要一种协调差异性的方法。这种协调过程使得我们可以继续做自己，同时可以去观察和理解其他不同的观点是怎样完善我们自己观点的。这不单纯是通过沟通减少误解和失误，而是合并双方将它们各自的优势贡献给新企业，因此在协调过程中会产生整合价值。

表1.1 联盟或兼并中的五种极端行为类型

| 范式 | 网格坐标 | 别称/比喻 |
|---|---|---|
| 第一，联盟中的一个合作者坚守自己的价值，并声称"我的价值优先！""我赢了，你输了！" | 位置(1,10) | 熊抱 |
| 第二，舍弃了自己的导向，走本土化路线。这里采用的是"入乡随俗"的方法。然而，这种姿态并不会让人觉得你是在"无为而治"，相反只会显得很不专业。被并购的公司的文化不会信服收购方将不能为合并贡献自己的力量。在这里，收购组织会采用被收购组织的工作方法和公司文化 | 位置(10,1) | 脱缰 |
| 第三，领导者拒绝接受现实，避免和忽略价值观两难问题，他们对此敬而远之，并假定协同效应能够自行实现 | 位置(1,1) | 否认 |
| 第四，一种新的合作方式是找到价值观的折中办法。有时候采用收购方的做事方式，有时候则是被收购方的做事方式。协同效应并没有真正实现 | 位置(5,5) | 圈养 |
| 第五，对于那些更有效的、能够实现或超额实现预期收益的兼并/联盟/整合，找到了协同的方式，价值观被整合成更高层次的整体，双方都完善、超越自己，并整合为一个新的实体，创造出比它们之前各自价值总和更高的价值 | 位置(10,10) | 超越 |

# 第二部分

## 介绍：
## 三阶段
## 十步骤框架

我们关注的焦点是使持有不同文化观点的人投入有意义的讨论中。两难问题的思考方法将人们聚在一起，共同探讨他们之间的异同。

## 元阶段

我们的研究和专业实践揭示：一个名副其实的、成功的整合过程需要四个组成部分——识别、尊重、协调（由前两部分引出的商业和文化的两难问题）和实现，最后一步将不同观点的联合所创造的商业利益嵌入整个组织。

当我们将战略、结构、系统、人力资源、供应商和顾客流程这些部分匹配在一起时，我们将会从合并中获得最大价值。在这个更大的背景下，我们的方法可以被定义为一个为了实现绩效最大化而采取的流程，这个流程可以协调有分歧的目标、价值观，以及结构上的、功能上的和文化上的差异。因此,人(人际关系)的方面将会完全与流程中偏技术的方面进行整合。

我们的流程要依靠大量有效工具的支持,这些工具能够提供定量和定性的诊断、流程监控、确凿的证据以影响决策制定过程和资源分配。因此,我们的工作是建立在经过评估的、引导出的需求的基础上的,而不是基于假定的需求。

十个步骤流程由三个主要阶段组成,这些步骤在以下三个表中展开:表2.1涉及阶段A,表2.2展示阶段B,表2.3说明阶段C。

表2.1　阶段A:创造(令人信服的)商业案例

| 阶段 A 的活动 | 目标 | 方法/工具 |
| --- | --- | --- |
| 第一步:提炼(重新定义)愿景、使命 | 真正地整合新组织 | 用四个"为什么"再次讨论使命和价值观 |
| 第二步:捕捉商业两难问题,评估商业挑战 | 通过商业两难问题来澄清新的挑战 | Webcue 访谈(引出两难问题) |
| 第三步:评估使命和价值观 | 为新整合的组织定义核心价值观和关键目标 | 价值观调查访谈(PVP 和 OVP 工具)<br>用辅助性的研讨会来定义关键目标 |

（续表）

| 阶段 A 的活动 | 目标 | 方法/工具 |
| --- | --- | --- |
| 第四步：选择价值观和行为 | 将价值观和有效行为联系起来 | 在线诊断<br>Webcues<br>IAP 和 CCA 工具＋辅助性的互动研讨会 |
| 第五步：整合商业案例 | 为实现更好的商业绩效来整合业务和价值观评估 | 将有效的商业案例和经过重新验证的价值观联系起来的研讨会 |

表2.2　阶段B：开发实施战略、目标和关键绩效指标

| 阶段 B 的活动 | 目标 | 方法/工具 |
| --- | --- | --- |
| 第六步：识别关键驱动要素 | 设计沟通方法——定制文化整合流程的方法和内容，为高管层提供个人反馈 | PVP 和 OVP 评估分析<br>教练部分<br>两难问题协调过程研讨会，以及开发关键协调指标的研讨会 |
| 第七步：开发实施战略 | 创建清晰的目标和指标 | "因果关系"指标：和价值观、行为相关的指标<br>"产出"指标：和绩效直接相关的指标<br>"结果"指标：和最终结果相关的指标 |

表2.3 阶段C：开发系统性一致和价值观意识

| 阶段 C 的活动 | 目标 | 方法 / 工具 |
| --- | --- | --- |
| 第八步：系统性一致 | 价值观与愿景、使命之间的联结 | 个人和团体凝聚力研讨会<br>• 价值观到行为（V2B）<br>• 系统和流程的结构化一致 |
| 第九步：价值观和文化意识项目 | 将意识根植在更大的组织中 | 对于既定目标的意识/反馈<br>个人发展：比如，通过 ICP 和 CCOL 的混合式学习 |
| 第十步：持续的再评估 | 监视（和控制）产生复合型文化的变革过程 | 个人和团体的成果交付<br>• KRIs（关键协调指标的完成）<br>• OVP 流程和个人发展报告 |

## 阶段A：创造令人信服的商业案例

> **阶段A的五步骤：**
>
> - 提炼（重新定义）愿景、使命
> - 捕捉商业两难问题，评估商业挑战
> - 评估使命和价值观
> - 选择价值观和行为
> - 整合商业案例
>
> 我们将逐一探讨这五个步骤。

### 第一步：提炼（重新定义）愿景、使命

我们发现，成功整合的第一步是创造令人信服的商业案例——当定义了一个共同的愿景后，整合会更加容易。因此，第一个阶段的目的是为新创建的组织提出和阐释明确的愿景和使命。此时，通过反复检查所提炼出的（重新定义的）使命是否仍然对新的领导者有鼓舞和激励作用，我们能够进一步完善并购的初始目标。组织中人们持有的价值观和行为是否支持这个愿景，也十分重要。

这个流程起源于Collins和Porras的著作《基业长青》（*Built to Last*）[1]，这本书清楚地论证了成功的组织需要将"愿景展望"和"核心理念"这两部分组合起来，它们共同

---
[1] Collins and Porras, *Built to Last*, 1994.

组成了组织的愿景。图2.1总结了这个概念。

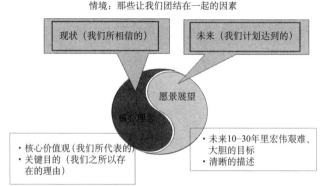

图2.1 文化整合战略

一个完整的愿景由两个主要部分构成：核心理念和愿景展望。就像太极图中的阴阳两部分。柯林斯和波拉斯将太极图中的"阴"描述为核心理念，它定义了组织的立场及其存在的理由；阳，则代表了愿景展望，代表了我们渴望成为、达到和创造的事物。在成功的组织中，阴是不变的，是对阳的补充。[①]

新领导团队需要重新讨论愿景展望，并使其与核心动力挂钩，这是十分必要的。愿景是由人经过思考而决定的，而不是由别人硬塞给他的。定义愿景的过程通常是一种沟通和探讨双方各自优势的好办法。这个过程可以探讨双方如何以

---

① Collins and Porras, Building your corporate vision, *HBR*, September-October 1996.

非妥协的方式实现整合。愿景也经常揭露了一个组织被收购的最初原因。如果公司的战略是"超越",那么被收购方的自信心也得到了提升。

我们下面会讨论UniCredit和Linde AG在整合过程中所采用的不同方法。Linde AG的首席执行官Reitzle经常花费时间与BOC的前董事会开会讨论流程的再设计。通过这种形式,整个董事会都参与了整合流程,最终产生了与众不同的效果。

定义或重新定义了新企业的主要愿景和使命以后,领导者能够在这样的背景下评估组织的业务和价值观。这通常是一个自上而下的过程,就像最初做出兼并或收购的决策一样。我们发现最成功的讨论是从愿景展望和宏伟目标开始的。

尽早评估整合背后的商业逻辑有一个好处,它可以使管理者从一开始就为了创建一个新的、共享的未来而共同努力。他们从这个问题开始——"我们最初为什么会走到一起?"这比我们经常观察到的从一开始就关注差异的行为要有效得多。在定义好共同的边界以后,差异对整合过程更有帮助。整合不同的(业务和价值观)导向不是一方努力理解和适应另一方的方式,而是双方互相理解、协调,共同努力。

## UniCredit

UniCredit 是意大利一家大型银行，其首席执行管 Allessandro Profumo 是一个高瞻远瞩的领导者。他对愿景和使命的清晰理解对公司重大国际收购的成功起到了重要作用。

UniCredit 的愿景基于它们决心创造一种新的银行业模式，这种模式关注作为个体的人——提高它们的潜力，帮助它们达成目标。银行的使命是追求卓越，努力为客户提供便利的服务。作为一个"集团"，它们坚持共同的原则和一套独特价值观：以诚信为基石来谋求发展，从而使商业利润转换为所有利益相关者的价值。

UniCredit 的"诚实宪章"阐明了核心的商业原则，并在日常事务中指导员工。宪章是 UniCredit 在不断整合过程中的产物，在对中欧多个银行的收购案中，宪章提供了一个清晰的框架，如德国的 HVB、奥地利 BACA 等都能在这个框架中找到他们自己的经营方式。在 UniCredit 的案例中，关于如何提出企业的愿景和使命的讨论不多，我们将大量的咨询工作放在企业整合后如何协调企业面临的主要的两难问题。我们将在后面更深入地讨论这一点，同时我们将探讨这种协调是如何帮助 UniCredit 成为欧洲最大的银行之一。最终，从这个过程中，UniCredit 得出了以下明确的使命：

我们——UniCredit，致力于为客户创造持续价值。作为一家领先的欧洲银行，我们致力于发展我们所居住的社区，并努力成为优秀的工作场所。

我们追求卓越，并不断努力为客户提供便利的服务。

> **Linde 集团**
>
> Linde 集团的首席执行官 Reitzle 的愿景是，集团应该成为"受人尊敬的、国际领先的气体和工程公司，提供能够改变世界的创新性解决方案。"
>
> Linde 集团涵盖大量相关和不相关的业务（包括物料搬运业务），是世界上最大的叉车和仓储设施制造商之一组成。年复一年，Linde 集团通过它在全世界的核心业务创造的工作机会和财富，通过向客户提供从钢铁制造到食品生产、废水处理、环保和医疗等一系列产业的产品和服务，影响并改善了数十亿人的生活。
>
> 然而，因为市场全球化，Reitzle 坚信如果继续采用以前的产品组合，Linde 集团将不能通过资本市场增值，实现集团的愿景。首先，Linde 集团需要专注在气体和工程业务，深化专业知识，弱化以德国为中心的形式。在剥离了一些主要的资产后，Linde 集团收购了英国的工业气体公司——BOC。BOC 是一个合适的选择，因为它十分国际化，并且是股东驱动型的，与 Linde 集团非常不同。要通过创新性解决方案去改变世界，Linde 集团的唯一办法就是与 BOC 这样的公司联姻，共同书写新的历史。

### "宏伟、艰难、大胆的目标"

我们开始的第一步是定义"宏伟、艰难、大胆的目标"（big, hairy, audacious goal, BHAG）。宏伟目标是一个鼓励进步的大胆的使命陈述，例如"把人送上月球"。根据最初创造这个短语的作者，宏伟目标应该是这样的：

- 清楚的、令人信服的；
- 作为团队精神的催化剂；
- 有明确的终点；
- 吸引人的；
- 实际的、使人充满力量的、高度集中的；
- 通俗易懂的。

我们所说的宏伟目标指的是只有通过极大的努力才能达成的、鼓舞人心的、大胆的目标。Hamel和Prahalad[①]将他们称之为"提升的目标"（stretched goals）。

一些关于宏伟目标的优秀例子有：

- 在2000年成为资产达1 250亿美元的公司（WalMart，1990年）；
- 汽车平民化（Ford Motor Company，20世纪初期）；
- 成为改变日本产品在全世界劣质形象的著名的公司（Sony，20世纪50年代初期）；
- 在每一个服务的市场成为第一或第二；改革公司，使其兼具大公司的雄厚实力和小公司的高效性、灵活性（General Electric Company，20世纪80年代）；
- 成为自行车行业的"耐克"（Giro Sport Design，

---

① Hamel, G. and Prahalad C.K, *Competing for the Future*, Harvard Business School Press, 2001.

1986年）；

- 构建人类网络（Cisco Systems，2009年）；
- 构建智慧星球（IBM，2009年）；
- 整合全球的信息，使其随手可得，随处可用（Google）；
- 让每个家庭及每台书桌上都有一台电脑（Microsoft）；
- 打造全球在线购物市场（eBay）。

定义了宏伟目标后，整合双方被鼓励在新定义的共同目标下，找到可以产生业务协同效应的领域。实际上，他们可能会（重新）讨论双方合并的主要原因——也许是那些他们作为独立实体无法实现的提升目标。

宏伟目标需要具有挑战性、包容性并令人信服。它需要将所有的参与方组成一个团队，感染他们，使他们产生共同的自豪感："我们敢于制定大胆的共同目标，这正是将我们联合在一起的最初原因。"这个延伸的目标不应该是梦幻般的不切实际的雄心，或是基本的战略目标，而是只有借助尚未明确、尚未发现的力量才能达成的目标。

自上而下的级联方法在这里十分奏效：这个方法从高层管理团队（5—10人）开始，他们均来自相关的组织，并以2—3人的小组为单元开展工作。

**发现和提炼出宏伟目标的方法**

我们有几种方法可以激励管理团队制定令人信服的宏伟目标。使用以下的提问是非常有效的方法：

- 哪些人鼓舞了你？
- 被收购公司的哪些方面让你确信需要购买它？
- 你最欣赏收购方的什么品质？
- 组织发展中的哪些关键时刻对你最重要？

关于如何发现和提炼出宏伟目标，Collins和Porras还阐述了其他的方法——"形象化描述"（vivid descriptions），比如回顾组织的历史，讨论它是如何改写了行业的本质。这样的提问十分有效："在行业杂志的头版，你有可能看到的'2020年最有效的合并'是什么？"或者"双方为了实现优势组合和成功整合，做了哪些事情？为什么？是因为产品和服务的组合，还是新的商业模式的实施和流程的改进，抑或新的领导方式的引进？"

有时候，并购双方都已经有了明确的提升目标。让参与者结合双方雄心勃勃的使命，探讨是否存在可能的协同效应，这将是一项非常有价值的练习。同时制定两个或者多个宏伟目标是十分冒险的，因为最后的方案可能过于分散。同时，制定提升目标时不要像制作"平衡计分卡"（balanced scorecard）那样在不同的领域中赋予不同的关键绩效指标（KPIs）。这项练习结束时应该得到一个形象化的、能够鼓舞所有团队成员的描述。

应该给人们提供参与制定宏伟目标的机会，同时，这个目标应该将所有相关的人团结起来。

### 级联过程

一旦高层团队（5—10人）对宏伟目标达成了一致意见，

就是与下面的层级商讨、确认目标的时候了——通常先是董事会扩大会议，然后是高层的100—150名管理者。通过这个过程，宏伟目标得到了提炼，有了最终的定义，更重要的是，所有相关的团体都参与了目标的制定。

高层管理者针对宏伟目标的草案提出意见十分重要，这使得宏伟目标真正成为他们的目标，并且有利于在接下来的组织交流沟通中提出进一步的意见。如果群体规模大，那么采用类似Chrystal的互动讨论系统将十分有效。当宏伟目标向下传达的时候，人们可以同时输入匿名的意见。在形成大胆的、新的共同使命时，企业合并中涉及的团体将会感觉到他们的意见得到了认真对待。

### 最佳实践案例：Geodis国际集团

Geodis Wilson 是法国 Geodis 国际集团的子公司，由法国国有铁路公司控股。Geodis 国际集团在 120 个国家拥有 26 000 名员工，在欧洲运输物流公司中排名前五。Geodis Wilson 是由以下几个公司合并而成的：Geodis 海外国际货运公司（Geodis 国际集团的空运和海运部门）、荷兰 TNT 国际货运公司（该公司前身为威尔逊物流，具有浓厚的斯堪的纳维亚色彩，距今已有 164 年的历史），以及最近的德国 Rohde & Liesenfeld 公司。Geodis Wilson 继承了几个领域的优势：全球网络，增长驱动，致力于提供有效的服务，以及与客户合作时"竭尽全力"的精神。

2007年，Geodis Wilson新任命的总裁邀请我们为代表30多个国家的50位高管做一次关于法国文化的典型特征及其将如何影响组织未来国际化的演讲。我们拒绝了这个提议，因为从一开始就引出所有的文化成见，将不利于整合过程。相反，我们决定利用组织价值观剖面图（organization value profiler, OVP）和个人价值观剖面图（personal value profiler, PVP）展现不同公司间的文化差异。PVP关注参与者的个人价值观，比合并中相关组织相对分离独立的公司文化剖面图（从我们的OVP得出）有更高的一致性。这奠定了三个月以后我们在阿姆斯特丹为新的董事会提供更深入支持的基础。

Geodis Wilson的董事会由六名成员组成，其中有两名瑞典人，两名荷兰人，一名法国人，以及一名英国人。我们设计了一个为期一天的项目来起草关键目标、核心价值观和宏伟目标。董事会成员们被分成了三个不同的组，在三轮讨论中代表不同的公司，每轮活动结束之后都激烈地讨论关于大胆使命的不同观点。他们形成的宏伟目标的初稿是"Geodis Wilson希望被同行、顾客和员工公认为最优质服务的提供者"。

在这次活动中我们还定义了公司的价值观和使命，这两者帮助我们起草了公司的宏伟目标。

初稿被送到了25名高管（董事会扩大会议，包括国家/地区负责人）的季度例会上。他们通过了宏伟目标的初稿"Geodis Wilson被顾客、供应商和员工公认为最优质的货运管理服务的提供者"，以便在接下来的250名高管会议上讨论。

通过集体对话系统，我们邀请250名管理者讨论在这个宏伟目标中，哪些是他们喜欢的，以及还可以做哪些改善。这样保证了所有参与企业兼并的人都参与到宏伟目标的制定中。

这个过程结束后，我们得到了由250名管理者共同提出的重新表述的宏伟目标。这次会议达成了一致意见，确定了宏伟目标将如何被用作发展Geodis Wilson的价值观和使命的灵感之源。

## 第二步：捕捉商业两难问题，评估商业挑战

在（重新）定义了愿景和使命的情况下，定义商业两难问题对于评估和支持处于组织战略整合期的商业实践十分有效。

为什么是两难问题呢？因为我们发现合并中关键的挑战来自不同利益相关者相互矛盾的需求和他们不同的观点与利益。我们选择哪一个呢？亲力亲为还是放任自流？自上而下还是自下而上？集权还是分权？我们在合并中是要追求快速的盈利还是要耕耘于真正的、长期的、可持续发展的未来？以放弃一方为代价而选择另一方，或者甚至做出（双输的）妥协，意味着我们不得不放弃其中一个极端观点带来的可能收益。

结合面对面访谈和我们称之为"Webcue"的在线半结构

化问卷，我们能够有效地捕捉到两难问题。在多个组织整合的过程中，不同的战略和运营导向有可能引发各种问题。而此外来自不同背景、职业和组织文化的人在一起工作时，会有不同的工作方式并建立不同的关系，这使得两难问题更加突出。

**全局**

在目前这个阶段，我们可以说一个真正成功的整合过程需要我们之前提到的四个组成部分和发展阶段：

1. 识别不同的业务导向；

2. 尊重这些导向之间的差异；

3. 协调以上两个步骤所产生的业务两难问题；

4. 实现和巩固，连接不同业务导向的商业利益贯穿于组织中。

下面的示例阐明了两难问题如何捕捉整合过程中的核心挑战。

一个大型制药公司购买了一家具有创新能力的小公司，其两难问题表现如下：

一方面，我们需要扩大组织规模以实现分销和规模经济；另一方面，我们需要培育"小即美"的创新力，发挥灵活性。

如果这不能算作两难问题，我们必须要问，为什么较大的组织不选择内生性增长。

"中心化—去中心化"在整合方案中是一个常见的两难

问题。Linde AG是一个高度集中化的德国组织，在收购BOC时的主要争论之一是BOC对其国际业务采取去中心化方法，领导者尽可能多地在组织中授权。IBM在2003年收购PWCC时遭遇了相同的两难问题。当我们考察由多个本地运营品牌组成的Campofrío Food Group时也看到了同样的故事。

对关键两难问题的协调既能铸就合并的成功，也能将合并的努力毁于一旦。需要谨记的是，两难问题可以被定义为明显对立的两个观点，两难问题中的两种观点都是好的、都是我们想要的，但是这两种观点却是相互冲突的。当国际化公司面对"中心化—去中心化"的两难问题时，他们通常有四个可能的选择：

1. 中心化——这是"总部命令"模式；
2. 去中心化——或者称为"本土化"；
3. 妥协——双方都放弃一些东西以实现共同目标；
4. 协调——更具挑战性！初看之下并不可能。关键问题是我们需要集中什么去替代更多去中心化的活动？当两个明显对立的观点得以协调，"两者兼顾"的解决方案取代"非此即彼"或"各退一步"的观点，双方优势的联合将创造新的价值。

我们的两难问题协调框架是解决这些问题的独特方法。当组织为了战略和运营的有效性不得不做出决策时，它能帮助我们考虑众多的方案。当组织为了平衡、甚至是更好地结合他们所面临的"本土化"和"全球化"导向而不得不做出决策时，它能阐明艰难的抉择。因此，它能鼓励创造协同效应。两难问题协调框架的优势在于,它能够同时实施中心化和去中心化的战略,并在更高的层级整合它们。

**合并中出现的业务两难问题**

很多业务两难问题在不同的工作方式中,它们更多地被称为组织文化。当我们通过刚刚提到的互补性来解决两难问题时,就标志着健康的整合。

我们在Linde AG和BOC的整合中观察到这些两难问题:

· 我们需要提供全球化的或者标准化的产品或服务vs.我们需要提供响应本地品味和需求的产品或服务。

· 员工导向 vs.结果导向。

在这些案例中,协调两难问题对新公司的成功至关重要。

当UniCredit整合德国HTV、奥地利BACA时,他们发现以下两难问题至关重要:

· 成为一家"真正的欧洲银行"vs.作为一家本地化银行的集合,维持与客户的紧密关系。

从UniCredit最根本的战略两难问题可以形式化一些相关的两难问题,比如:

· 中心化卓越 vs.去中心化卓越;

· 如何整合不同的欧洲文化特征(意大利总部文化特征vs.其他欧洲文化特征);

· 少数精英决策 vs.人人都有机会做出做贡献;

· 独立 vs.互赖;

- 宣扬的价值观 vs.机会主义行为;
- 自我觉察 vs.充分沟通;
- 企业家才华 vs.明确的规章。

同样地,当Geodis在2007年收购荷兰TNT Express时,产生了以下两难问题:

- 我们需要实现短期的财务目标 vs.我们需要发展中/长期战略。
- 我们需要更快速地扩张以实现规模经济和匹配全球客户的需求 vs.我们需要更专注于质的提升以防我们滑出竞争行列。
- 我们需要标准化流程以提高生产率 vs.我们想要变得灵活以更好地响应客户需求。
- 我们需要清晰的、聚焦的信息技术战略 vs.我们需要在短期内维持大量不同的系统运转。
- 我们必须通过收购和高效率来实现业务增长 vs.我们需要在不确定时期保持较高的员工士气。

### 全球计算机公司和咨询服务公司的合并

我们参与过一家大型计算机与信息技术公司和一家顶尖咨询公司的整合过程,其间,我们提炼了超过175个两难问题,并将它们聚合成7个主要的两难问题群组,以便整合团队进行后续处理。我们还参与了25个管理层会议,以支持在全球25个地方的本土化整合挑战。在这些会议中,整合团队竞相提出解决最重要的两难问题的最佳方法。主要的两难问题被记录下来，例如：

- 我们需要优化人员效用 vs. 我们需要更加创新，以提供新的解决方案来满足客户需求；
- 我们需要向客户销售解决方案 vs. 我们需要快速地实施高质量服务；
- 关系驱动型组织 vs. 交易驱动型组织；
- 业务经理直接运营 vs. 业务顾问提供职能支持；
- 经验和主观判断 vs. 基于流程和规则的工作方式；
- 工作—生活平衡；
- 雇用和激励最好的、最聪明的员工 vs. 当前最佳绩效员工。

我们设法将大量的两难问题分类，并将它们与组织核心价值观联系在一起。这样，通过协调能够激发价值观的两难问题，核心价值观变得丰富起来。对两难问题的思考和协调变成共同语言，它们随后被运用到很多收购方的客户关系中。制定出收购方所能提供的客户需求的两难问题，并在随后共同创造协调过程，这成为创新解决方案和服务的主要驱动因素。此外，美国的一些两难问题已经在不同的、之前没有任何关系的韩国部门中得以处理和解决！

**协调业务两难问题，评估整合潜力**

协调业务两难问题的过程触及了整合战略最核心的部分。有意识地尝试利用各个传统组织的优势将最有可能成功。基于以下这些要素，我们指导参与者如何协调两难问题：

- 识别两难问题。
- 绘制两难问题，使其更加具体；标记反映对立地位（正向的或中性的）的坐标轴，标出参与者在其中的位置。
- 通过描述各自的优点和缺点凸显两难问题。
- 给每个端点的方框起个绰号，来表述它的优缺点。
- 通过提问价值观A如何支持价值观B，以及价值观B如何支持价值观A，来协调两难问题。
- 制订行动计划，识别潜在障碍，并制订监督计划。

---

**Geodis Wilson案例**

在整合过程中，Geodis Wilson 非常清楚它们需要结合短期财务目标（荷兰 TNT 国际货运公司的一大优势）和中/长期安全战略（它们的法国母公司 Geodis 的优势所在）。这次协调使组织更有适应力。在法国巴黎召开的会议上各个国家和地区的负责人和管理团队讨论了这个两难问题。图 2.2 展示了最终的成果。

这个讨论框架的优势在于两种方法各自的优缺点都得到了开放式的讨论，而没有掺杂过多的价值观判断。"更加严格地筛选投资战略"这一协调结果得到了所有参与者的高度赞赏。

在实现长期愿景的情况下根据短期绩效选择投资战略，这可以结合两个组织的优势，同时可以避免两种方法的固有缺陷。

---

第二部分　介绍：三阶段十步骤框架

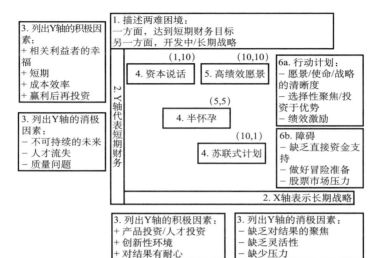

图2.2　Geodis Wilson的两难问题

## 全球计算机公司和咨询服务公司的合并

当一家大型全球咨询服务公司在尝试将它们的咨询分支机构整合到"领导者角色"这个项目中时，我们为它们的很多活动做了引导。

一个经常出现的两难问题是组织既需要销售导向型文化（就像全球计算机服务公司所发展的那样），同时也需要服务型文化（大型咨询服务公司的传统强项）。

世界各地考虑这个两难问题的团队认为这是他们未来工作的基础，并且这个两难问题能用不同的方式协调。图2.3展示了一个范例。

另一个重要的两难问题是员工授权 vs. 公司控制。这个两难问题的解决对于领导者至关重要。

传统的计算机公司的员工习惯于向母公司和领导者表示忠诚。在咨询服务公司，挑战领导者则是一个常见现象。但是它们合并后，应该采用哪种模式呢？对于新组织，这正是一个关于制造和破解的两难问题。

最初，合作双方对于另一方的核心价值观都存在很多轻视。一方面，资历深厚的精英们经常被描述成（正如所料）古板的、规避风险的"官僚主义者"；另一方面，出身名门的咨询经理们被看成是付酬过高的艺术家。人们为这两种刻板印象打了个比喻：传统的计算机公司领导者被刻画成大象，称为"迟钝的独裁者"；咨询服务公司合作方被刻画成舞蹈者，称为"西部牛仔"。很明显，很多人会担心大象会压扁舞蹈者！

结果，两难问题的协调过程开启了一次对话，在这次对话中形成了一个美妙的比喻：一群舞蹈者由大象拉起的网保护着，如图 2.4 展示的那样。

## 第二部分 介绍：三阶段十步骤框架

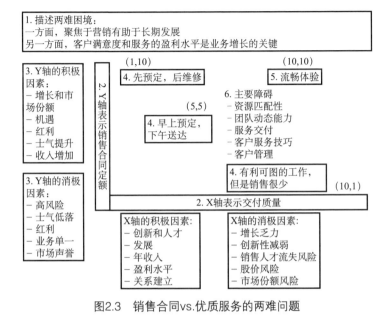

图2.3 销售合同vs.优质服务的两难问题

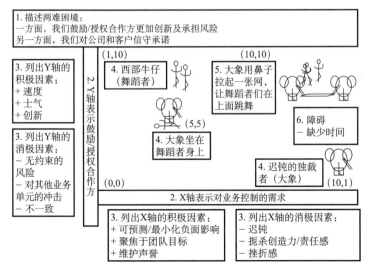

图2.4 "西部牛仔"和"迟钝的独裁者"的协调

### "Beauty"案例：第一部分

这个案例关注的是两个匿名组织的情况，它们都是荷兰的管理咨询公司。"PI 公司"有 15 个咨询顾问和 10 个行政人员。尽管 PI 公司是一家荷兰公司，但是它拥有众多的国际客户。公司的创始人和所有者被认为是变革管理和领导力开发领域的领导者，他们在该领域开展研究，著书立说。他们的著作闻名于世，电话营销也取得了极好的效果。

过去的五年里，PI 公司没有达到大家所预期的 5%—10% 的年增长率。最令人失望的是，PI 公司的客户喜欢其创造性的干预方案，但是由于缺少规模效应，以及缺少相关人员去交付和执行方案，很多干预方案无法进一步实施。

简而言之，PI 公司创新能力强，但执行力不足。经过几年的搜寻，2007 年，PI 公司找到了一个合作伙伴——"OL 公司"。这家非常成功的荷兰咨询公司主要面向荷兰市场。OL 公司拥有和 PI 公司相似的规模，其主要优势在于员工敬业度诊断和绩效，以及借助在线聊天的方式帮助组织实施变革流程。OL 公司的所有权结构和 PI 公司的完全不同，该公司的 5 个股东与管理层完全分离，而 PI 公司的两个创始人是主要的股东。

对于整合后的新组织，管理团队形成了共同的愿景。作为一个合并后的实体，新组织能够对市场产生一系列影响：从针对高管层的最开始的士气鼓舞，到随后的在各个层级的具体执行。OL 公司和 PI 公司的主要差异可以很好地描述如下：

## 第二部分 介绍：三阶段十步骤框架

- 推动最新产品和独特服务 vs. 拉动可扩展的、可信赖的、持续不断的服务和诊断；
- 向国际客户提供全球范围内的卓越服务 vs. 向荷兰的老客户提供可靠的服务；
- 培养富有创造性的个体 vs. 发展更好的团队合作；
- 员工的可持续性发展 vs. 股东收益；

在整合过程中，所有的咨询顾问和行政人员聚集在一起，混合分组讨论不同版本的业务两难问题。讨论结果十分鼓舞人心，并且有助于整合两个组织的不同观点和优势。

第一个两难问题的协调过程如图 2.5 所示。

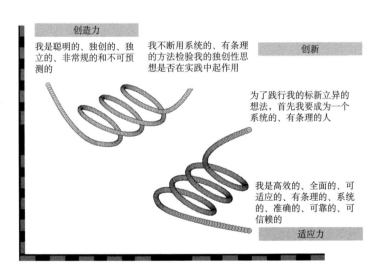

图2.5 创新性和适应性的协调

当 OL 公司的咨询顾问说明他们与客户的长期关系的优缺点时，真的十分振奋人心。尽管可预测性和可靠性帮助他们改善产品直至完美，但是他们也认为这阻碍了学习曲线。PI 公司的咨询顾问说他们在不断地学习，但是在将他们学习到的东西进行标准化的过程中遇到了困难，从而导致了高昂的开发成本。我们发现协调过程可以识别出 PI 公司所有独特产品的实质。与 OL 公司更有条理的表现相对比，PI 公司的咨询顾问意识到公司创始人的独特贡献其实已经呈现给了他们一个方法，但是他们之前忽略了。OL 公司的咨询顾问报告了他们对服务高度集中化的方法，而且他们所有的提案都需要经过首席执行官审视、校订。"我知道了！" PI 公司的一位咨询顾问说道，"如果我们能用标准化的方法将我们所有的提案形成体系，并且通过团队评估形成能运用在工作中的相似的方法，那么我们将更有可能实现大规模定制。"这个两难问题的协调如图 2.6 所示。

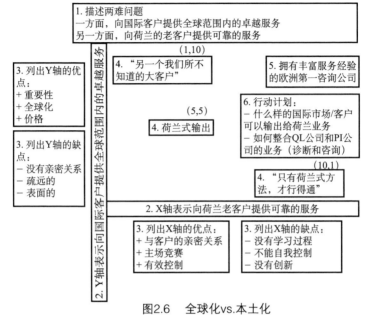

图2.6　全球化vs.本土化

　　这个两难问题的协调对于合并的成功至关重要。挑战性问题是:"如何通过标准化的、荷兰式的服务拓展丰富PI公司提供的咨询服务？OL公司的咨询服务如何利用开放的、但是尚未开发的国际市场？"对于第一个挑战，我们致力于研究OL公司的荷兰式服务——更多关注在线聊天和标杆诊断——如何能够改善它们为国际组织提供的尚不深入的服务。实际上，第一次尝试得到了一家国际企业的高度赞赏，因为它们看到了通过OL公司服务的延伸，PI公司的服务能够得以更好地实施和监控。对于第二个挑战，我们实施了一个流程方法。对于每一个PI类型的项目书，

> 我们要求 OL 公司的咨询顾问去发现如何能够加入 OL 公司的服务，甚至如何能够更好地与 OL 公司的传统项目书相结合。合并成立后的新组织的营业额在第一年增长了 23%，第二年增长了 41%，之后每年超过了 2 000 万欧元。

**以持续创新的方式来整合对立面**

任何一个整合过程在很多领域会出现相似的两难问题：有可能是人力资源、忠诚度、信息技术或者是财务。我们的引导过程会产生一个"创新空间"，在这个空间中，最终的解决方案将明显优于任何一个最初的、单维响应方案。我们称之为协同效应实现的区域。

在这个空间中，运营公司、控股公司这些不同的组织之间将产生激烈的、有价值的对话。这个协同过程具有持久的价值。

我们发现人们之所以能成功地实现协同效应，不是因为他们擅长在两者之间做出选择，而是他们能够协调看似对立的价值观。将两个有分歧的目标整合起来可以创造一个崭新的、更有价值的存在。因此，在全球性计算机服务公司收购全球性咨询服务公司的案例中，需要选择的并不是销售文化和服务文化中的哪一个能够造就一个更好的公司，真正的挑战是"我们如何利用更先进的服务文化销售出更多的产品？"，以及"我们如何通过产品的销售来提升服务"。

在UniCredit的案例中，我们不必在"成为具有当地特色的意大利银行"和"没有任何意大利元素的欧洲银行"之间做出选择。他们的方法关注新公司如何成为带有意大利印记的欧洲银行，以及这个新公司在意大利的业务如何成为其他欧洲业务的基础。

最后，在欧洲咨询公司的案例中，我们看到大规模定制化和跨国界的欧洲式方法结合了双方最优的特性，使企业变得与众不同。

有能力协调差异的组织将产生竞争优势。否则，它们终将沦为合并失败的那70%。但是，最重要的是，两难问题协调过程邀请相关团体参与创新性的对话，而不是仅仅站在走廊里互相抱怨。

协调过程中的每个步骤都需要遵循特定的方式，以保证协调过程是"平等"的。每一个团体都应该有所贡献，不论他们是收购方还是被收购方，是较小的单元还是较大的单元。

在早期阶段就处理商业实践的整合和文化问题十分重要。进行商业实践相对简单，因为它可以通过财务或关键绩效指标（如投资收益率、员工保留、市场份额、客户满意度等）表现出来。但是愿景、价值观、使命、关键目标所反映的文化才是真正促进新公司成功的要素。

## 第三步：评估使命和价值观

在完成了对未来的展望和对商业状况的评估后，就要在公司范围内对个人的、当前的和理想的文化价值观进行一次评估，用以测量这些价值观是否支持我们为新公司所规划的未来。这就是阶段A的第三步。

**寻找目的**

同样的，有效的方法是以一个较大的背景开始，询问高管团队为什么要建立一个新实体，这就是组织的目的，即存在的理由：

- 我们为什么存在？
- 既然我们一起工作，那么我们能共同为客户提供什么？

最初，我们可能要做一些比"获取更多利润"或"提供更多产品"这类表述更高层次的思考。人们需要表述终极愿望，并且不畏惧头脑风暴带来的些许夸大。Collins和Porras把这称为一个组织的"关键目的"（key purpose），并且从组织存在的根本原因出发，来描述它的特征：

- 地平线上的指路明灯，我们将永远追逐它，却永远无法触及……
- 指引并激励我们的……
- 它为我们、为组织所做的工作赋予了意义。

目的不应与组织的具体目标和商业战略，以及组织已有的服务或服务的市场相混淆。想要确定新组织的目的，就要想得比我们日常的工作更长远一些：没有高于现有的日常生活的目的，就没有成长的潜力，同时还要面临停滞不前的风险。正如中国古语所说："不进则退。"

同样很重要的一点是要避免将盈利上升为公司的最高目标。固然，如果没有利润，任何一个组织都无法生存。但是，这是否就意味着追求利润是组织存在的根本原因呢？

**发现（关键）目的**

如何发现一个组织的（关键）目的？或更高的目标？尽管没有捷径可循，但我们可以尝试不同的方法来挖掘组织的本质。这些方法可以单独或组合使用。在下文归纳的框架中，我们列示了几种不同的方法作为连续步骤。

以探究组织的独特性为开端会非常有效。首先，回到最初对（合并）商业机遇进行评估的结果上。尽可能具体地回顾这些组织所特有的东西——是组织独特的产品、服务、质量或技术吗？尽量去定义组织中根深蒂固的行为和交流模式，并且思考它们对于新创组织的适用性。

接下来就要问一问，新组织的理想是什么？是什么激励着同仁们为之奋斗？是什么让组织与竞争对手及其他利益相关者有所不同？在这个练习中不必过于担心回答不够现实。

**如何引出关键目标**

我们通常会先进行一个叫作"五个为什么"的练习。这个练习以这类声明开始："我们尽可能以最低的价格提供高质量的产品。"接下来我们会针对这个句子进行提问："为什么以尽可能最低的价格提供高质量的产品是如此重要？"在得到一个较为基础的回答后，进一步提问："为什么使我们的客户最小化其购买成本是如此的重要？"针对任何类似声明存在的问题持续不断地发问最终会引出所说的"根定义"（root definition）。[①]

重复提问有助于我们引出基本目的的核心。"为什么"的问题对于确保组织始终追求其大胆使命和所展望的未来十分重要。"为什么我们要制造家具？"或者，"为什么我们想要向大组织请教？"目的决定了终极意义。当结合了抽象和具体——梦想和实际时，这一过程是最有效的。

还要问一问团队有关传承的问题："如果这个组织不再存在，会有什么损失？""谁会哀悼我们这个组织的消亡？"对于类似这样的问题的回答能够揭示出那些将一个组织区别于其他组织的特质。

完成这些练习后，应该可以表达出组织的（关键）目的了。目的必须以清晰而简练的方式进行陈述。最终的表述应该避免隐晦、琐碎和陈词滥调。要记住，这是企业的本质，它必须能够迅速鼓舞人心。

---

① Checkland P. *Learning for Action*. John Wiley, 2006.

## Campofrío Food Group

2009年年初，Smithfield集团与Campofrío公司合并时，双方位于巴黎和马德里的CEO和董事长们讨论制定出了一份包含使命和目的在内的愿景陈述。领导团队和当地的管理团队在第一次会议上讨论了这些初步构想。

这一愿景陈述的草案表述如下：

"让所有的利益相关者都认可我们是欧洲领先的食品公司之一，向我们的消费者提供多样化且高质量的产品，以提高其生活质量与健康水平。"

当就这一草案向更大范围的管理团队征询意见时，他们提出了许多想法。以下是一部分他们对于"为什么"问题的回答：

- "为了成为一家令人称赞的公司，为了成为欧洲的标杆（前10位），为了吸引最优秀的人，我们需要与对方合并。"
- "我们要通过持续不断的创新，为我们的顾客提供丰富多样的食品，以提高他们的生活质量和健康水平。"
- "（为了提供更高质量的产品体验，）我们寻求多样化的价值。"
- "因为我们想要焕新这个行业，我们是潮流引领者。"
- "我们喜欢表现出创业者的风范，快速行动；我们对自己的结果负责。"
- "我们尊重自己与消费者、供货商及同行之间的关系。"

> 有一个营销经理说道:"为什么不把我们的目的归纳为'美味时刻,随时随地'?"这句话很受欢迎,因为它很鼓舞人心。
>
> 会议中大家做了记录,接下来又用这种方法在不同的国家进行了一轮确认。所有的意见都被给予了认真的考虑。
>
> 最终的版本如下:
>
> "在2015年之前成为欧洲最受人尊敬的及最成功的高品质食品领导者之一,为消费者的日常生活和特定场合提供美味且营养的选择,为他们的餐桌带去欢乐与健康,赢得消费者的喜爱和忠诚。"

这个让现有公司中更多的员工参与其中来逐渐得出企业目的的过程,为新公司创造了一根情感纽带。正如我们在Campofrío公司和Smithfields公司的合并案例中看到的那样,广泛征询意见的会议显著地提升了员工对于公司目的的承诺感。这也是我们建议企业避免将合并前某个公司原有目的作为新公司的目的的原因之一。如果原有的目的陈述好到了新公司非用不可的地步,那么它一定也不会在征询意见中被错过。

**文化与价值观**

当我们确定了组织的(大胆)使命和(关键)目的后,就该把目光转向组织的价值观了。

价值观支撑着目的和使命。价值观和规范产生于目的和使命之中,同样的,目的和使命也会引发特定的行为。"价值观"是人们对好与坏的判断,"规范"是对是与非的区分,而行为正是价值观与规范的体现。

> ### "Beauty"案例:第二部分
>
> 　　上文中提到的PI公司和OL公司的整合是怎样进行的呢?OL公司的一项名为"网聊"的技术促进了新公司目的的确定。他们邀请每一个人输入那些自己认为对于新公司的存续很重要的概念、词语或句子。唯一的要求是,这些概念、词语或句子一定支持这样一家以研究为驱动、致力于将价值观转换为业绩的欧洲乃至全球性咨询公司的愿景。被挑选出来的关键词有:联结、绩效、咨询、观点、协调、诊断和可持续。
>
> 　　借助以上关键词,他们将关键目的表述如下:
>
> 　　"帮助组织识别和联结那些可以带来更高的、可持续绩效的不同(文化)观点。"
>
> 　　自此以后,大家才感到两个组织真正协调统一了。有人这样说道:"是的,我知道我们之间存在差异,但这些差异正是这个组织想要达成目的所需要的东西。目的所具有的能量真是不可思议。"

　　企业文化发展出了企业自身的价值观和行为方式。价值观可以支持企业的职能模块,但更重要的是,它能帮助组织在艰难的商业环境中存活,帮助组织追求预定的目标。价值观是功能性的,应该与组织的使命紧密联系起来。当两个或更多的组织合并起来的时候,你就无法忽视它们的价值观所代表的深层结构了。认为一种价值观比另一种价值观更高级的想法是幼稚的。所有价值观都有其存在的理由，都不应该被忽视。在接下来所描述的（整合）方法中，我们将此作为一个出发点。

观点和价值观、业务重点、行为方式，这些都体现了文化的多样性。在我们与这些面临着由跨国并购带来的挑战的组织的合作经验中，我们发现，对那些根植于文化差异的问题，最恰当的表述就是"两难问题"，我们就可以进一步去探索这些由不同文化所导致的分歧。

正因为文化是组织绩效的一个关键的人性驱动力，在任何一个整合过程中，来自不同背景的人们在面对共同的商业困境时，会选择不同的具体解决方法。由此我们可以看到管理风格的差异、决策过程的不同、沟通方式的区别、客户导向及奖励机制的差别，不一而足。

**测量工具：组织价值观剖面图**

文化之于组织就如同个性之于个体，它是一个隐晦而又共通的主题，赋予组织意义和方向，这方向能对一个组织处理并购的挑战和两难问题的整体能力施以决定性的影响。企业文化对组织的有效性有着深远的影响，它影响着决策的制定、人力资源的使用，以及组织对环境（变化）的反应。

我们用组织价值观剖面图（organization value profiler, OVP）来识别并购双方组织文化的异同，以及现有组织中那些可能对并购形成挑战和产生影响的价值观。能够让参与者回顾并检查员工关于自己与他人之间、与组织整体之间的关系的解释与组织整体的关系。

与其他企业文化诊断工具不同的是,OVP不仅进行简单的诊断,它还是协调由并购、战略转型、多样性、全球化等带来的主要矛盾的基础。它被设计为"与文化无关"的,也就是说,它可以被应用于全世界各种不同的组织文化中。不像那些带有英国或美国特质的模型,只在孕育它的国家文化中有效。

OVP能够对参与整合过程的各方所具有的不同企业文化进行诊断,可以清晰地展示出新组织将要面对的价值观两难问题。它是一次组织文化的审视,评估组织的正规化程度、灵活性能,以及等级制度和开放性。它包括图2.7所示的企业

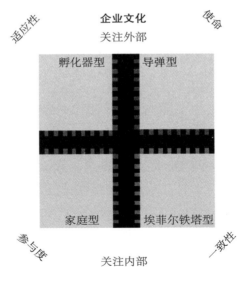

图2.7　OVP模型的四个象限

文化基础四象限模型，对每一个象限可以做进一步细分，形成一个十二等分模型。

**孵化器型文化**

本质：集中化和正规化的程度都很低。每一个成员作为个体的成长和实现是这类文化最重要的特征。组织只是为了满足其成员的需求而存在的。员工主要是受到在工作中学习和个人发展的激励。

主要特征：以人为本，尊重个体的权力，激情管理，自我承诺，专业认可，自我实现。

主要导向：（1）以一种极为灵活、易于改变的方式做事；在一个灵活的工作环境中工作，其中，个人发展是最为重要的。（2）对消费者/客户的欲望和需求有着深刻的理解；消费者/客户对决策有直接的影响。冒险和创新会受到鼓励和奖赏；大家通过持续不断的学习来开发自己的潜力。

**导弹型文化**

本质：集中化程度较低而正规化程度较高。在理想的情况下，这种理性的文化是任务和项目导向的。"把合适的人放在合适的位置上"来"完成工作"是对这种文化最好的描述。基于理性的和工具性的考虑，组织中的各种关系是结果导向的，且仅仅局限于相关人员特定的职能领域。

成就与成效比权威、程序或人都要重要。权威和责任只会赋予有资格的人，并且会随着任务类型的变化而迅速转变。在导弹型文化中，一切都要服从于无处不在的目标本身。

主要特征：任务导向，尊重知识的力量，目标管理，任务承诺，注重成效，按绩效付酬。

主要导向：(1) 愿景和价值观激励着员工；关注结果的产生和目标的实现。(2) 每一个人都能看到自己的工作对实现组织任务的贡献，对于任务和目标完成情况的反馈十分频繁。(3) 为股东带来短期价值是首要的；当大家预期某种创新能够在短期内创造股东价值时，这种创新会被进一步开发。

**家庭型文化**

本质：集中化程度很高而正规化程度较低。它反映了一种高度个人化的、以权力为导向的组织。家庭型文化中的员工看起来是在围绕着作为权力中心的父亲或母亲周围进行互动。组织中的权力基于独裁的领导者，他就像盘踞在蛛网中心的蜘蛛一样控制着整个组织。组织中很少有规则，也就没什么官僚作风。

主要特征：权力导向，人际网络带来的权力，私人关系，主观式的管理，裙带关系/信任，晋升。

主要导向：(1) 员工与组织之间的忠诚、承诺和信任非常重要；信息是广泛共享的，每一个人都能在需要信息的时候获得。(2) 十分关注人与人之间的关系，"认识谁"比"会做什么"更加重要。(3) 即便是在组织中不同的部分之间也有很强的团队精神，人们力求吸引别人参与以达成一致。

**埃菲尔铁塔型文化**

本质：集中化和正规化的程度都很高。这一类型文化陡峭、庄严而坚挺。控制是通过规则体系、法律程序、责任和权利分配来实现的。官僚主义的存在使得这样的组织非常缺乏灵活性。人们尊重权威是基于对职务和地位的尊重。办公室的布局使权威变得非人性化。专业技能和相关的正式头衔很受认可。

主要特征：角色导向，职位/角色赋予权力，依据职位描述/工作评价进行管理，规则和程序，秩序和可预见性，专业技能。

主要导向：（1）员工们致力于（组织的）结构性效率；强调借助于专业技能，以一种经济而简练的方式做事；人们在一种强调效率的氛围中、在稳定而结构化的场合中工作。（2）人们的技能和职业发展备受关注，人们的专业能力不断提高。人们的忠诚度主要是针对职业的。（3）强调完美的结构，这意味着在组织中的每一个人都有明确的职能和责任的划分。通过规则、程序和明确责任来解决问题。

这四种类型代表了组织是怎样从这四个基本过程来定位的：任务/战略/使命、角色/效率/一致性、权力/人际关系/参与，以及个人/学习/适应性。在每一个细分部分中，我们探索了那些共同决定每一种类型文化的主要导向的具体方面。

在设计这个问卷的时候，我们认为不应该用两极量表来测量组织的价值观，因为在两极量表上，被测量的要素在量表的两端上是此消彼长的。我们进行了大量的正式研究和实地测试来确定（问卷中）的问题，比如内部一致性信度分析、面对面的三角测度和在线的半结构化访谈。

鉴于OVP的作用原理，很有可能出现一个组织在所有四个象限和十二个部分得分都很高的情况。我们不再用一种类型来定义一个组织。这也反映出，在我们的概念框架中，整合后的组织不必从相互对立的情况中做出选择，而是可以利用所有类型的优势。

通过使用交叉验证的问题，我们可以检验企业文化中对立和矛盾的部分是否得到了协调。例如，我们让受访者对这样的表达进行评分，"对未来有清晰而明显的战略"（导弹型文化），"我们着眼于短期的利益，快速采取行动"（孵化器型文化）。然后将两种表述做一个糅合，来验证二者是否得到了协调，如"我们不需要牺牲长远愿景就可以实现短期目标"（协调型）。

在旧版的问卷中，长期导向和短期导向是对立的两端，组织需要在这两点之间选取一个合适点；而在新的协调框架中，我们可以在"长期"和"短期"这两项上得分都很高或都很低！两项得分都高则意味着一种更有力、更高绩效表现的文化。

另外一个例子是，对于以任务为导向（导弹型文化）和以人为本（家庭型文化）之间的矛盾，我们使用这样的对比陈述："很多工作以团队的形式进行""人们为了自我实现而奋斗"，同时用这样的句子来验证协调的效度："我们的团队由充满创造性的个体组成。"

如图2.8所示，组织价值观剖面图可以从十二个部分的覆盖程度和这些部分之间的协调程度显示出组织文化的健康程度。外部效度检验（相对于部门绩效或职能绩效指标）显示，在所有十二个部分和协调检验问题上的得分越高，组织长期绩效越高。

行业中的"市场领导者"在所有方面得分都较高，而排在其后的"追随者"在各方面得分中等，低绩效的组织在所有部分的得分都较低。这正是因为"市场领导者"拥有一种能协调其业务中所有分歧的整体性文化（见图2.9）。

我们还可以让受访者对自己的组织在"现在的"文化与"理想的"文化上做出两套评分。

价值观两难问题是从访谈和网上程序中选择出来的，并且与组织价值观剖面图所识别到的两难问题进组合使用。

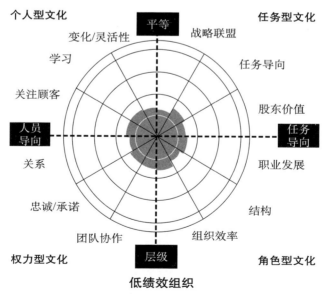

图2.8　组织价值观剖面图1

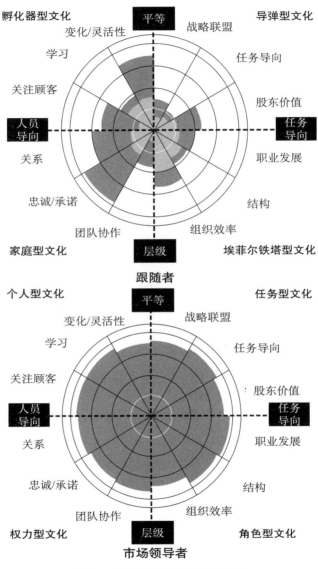

图2.8 组织价值观剖面图1（续）

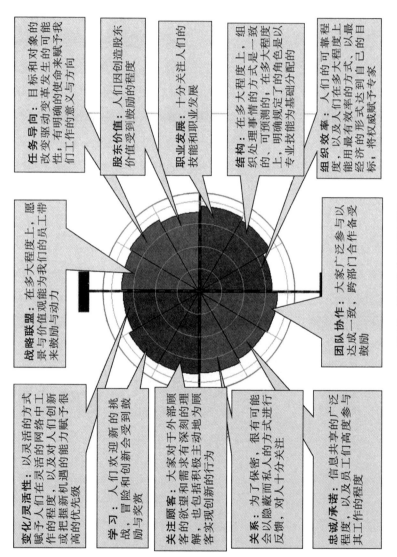

图2.9 组织价值观剖面图2

## Linde-BOC的组织价值观剖面图

以德国 Linde 集团和英国 BOC 公司的整合过程为例。我们要求这两家全球排名前 150 的公司使用我们网络版组织价值观剖面图。由图 2.10 可见，我们得到的结果很具有启发性。

BOC 公司与 Linde 集团二者原有文化之间的差异是显而易见的。最初的 Linde 集团是一个以德国员工为主体的、高度职业化的组织；它拥有优秀的研发部门，实行集中化的管理方式。在 Reitzle 博士这位强大、有远见又强势的领导者的带领下，公司剥离了许多不相关的业务，专注于气体和工程业务，取得了十分骄人的成绩。BOC 公司是一家非常成功的国际化企业，拥有一支跨国管理团队。公司以项目为导向，处理问题的方式一贯务实，拥有一支坚定而忠诚的团队，并尽可能地对员工授权。

我们可以将 Linde 集团概括为一个高度职业化的、纪律性很强的、以任务为导向的组织（埃菲尔铁塔型）。而原 BOC 公司的优势在于其员工热忱、专注且获得了组织的授权，他们为了股东价值，围绕着一系列清晰的全球性目标而工作(家庭型)。

根据Linde 集团的组织价值观剖面图，我们得出了以下关键的两难问题：

1. 为了回报股东，我们应该尽可能地削减成本 vs.我们需要为了长期的可持续发展而投资。

2. 我们应提供（全球化或标准化的）产品/服务 vs.我们应提供满足本地偏好与需求的产品/服务。

未来Linde集团的"理想"组织（依参与者所述）

- 更少文化惰性
- 价值观之间有更多的整合与联系
- BOC和Linde描述了相同的"理想"的未来组织
- 原BOC与"理想"组织之间的差异比Linde与"理想"组织之间的差异更大

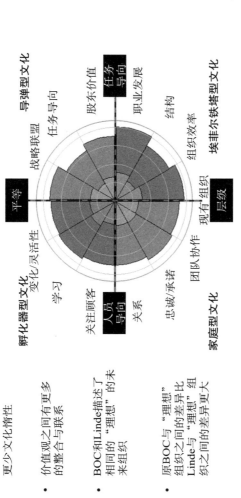

图2.10 Linde–BOC的组织价值观剖面图

3. 我们需要让员工得到发展 vs.我们应使员工专注于工作结果。

4. 我们应关注人力因素并充分利用我们在管理多样性上的经验 vs.我们要加强自己先进的工程自主型文化。

5. 我们应开发更为松散的控制系统，进行更广泛的管理授权 vs.我们要开发紧密的、自上而下的控制系统及更为严格的程序。

6. 我们的领导方式应该更具参与性和进行更多的授权 vs.我们的领导风格应该是更加有决断性及指令性的。

从第三点到第六点都是显而易见的价值观两难问题，未来 Linde 集团的成功将在很大程度上取决于对这些问题的协调。

## Norican 集团——Wheelabrator与DISA的合并

另一个案例是Wheelabrator与DISA的整合，这两家公司都是有着百年运营历史的市场领导者。DISA 集团是世界领先的垂直造型线、砂处理和抛丸技术供应商；与它合并的维尔Wheelabrator则是世界领先的金属表面处理设备、备件和服务的提供商。这两家公司都属于Mid Europa Partners。两家公司于2009年4月获得了德国反垄断署官方批准，进行合并。

作为一个统一的组织，DISA和Wheelabrator在5个国家共计有2 500名雇员，共同服务于多个行业，如航天工业、汽车工业、能源、铸造、医疗部件、铁路及海运业。在经过了DISA和Wheelabrator的内部竞争后，母公司的新名字被确定为Norican 集团。新公司的总裁兼首席执行官Robert E. Joyce Jr.说：

"这对于我们公司、我们的员工及我们的客户来说都是一个无比令人激动的时刻。我相信Norican集团的成立将为我们的顾客带来行业中空前的世界级技术与本地化服务……在合并的准备阶段,来自DISA和Wheelabrator的管理团队共同致力于将两家公司最好的部分结合起来。'强强联合'成为准备过程中的主旋律。今天,所有的努力都结出了硕果,所有的期盼都转化成现实。"

正是在这样一种精神激励下,我们受邀入驻Norican。领导者们相信,对于新名字的采用已经体现出了一种协同增效的效应,因此,我们有了一个很好的开端。

我们以企业文化扫描作为这个"强强联合"项目的开端,主要是对我们的七个文化维度进行测量。如图2.11所示,这些扫描的结果支持、巩固并验证了那些出现的主要两难问题。

DISA的文化更像是一种以角色为导向的埃菲尔铁塔型文化,其风险在于对于完美的追求会导致无法按时完成任务。此外,在核心流程、规则与规章中发生了变革。它的弱点在于短期的思考方式经常会牺牲掉DISA的长期愿景。而其优势则在于DISA拥有一支有创造性的团队,很好地协调了忠诚/承诺模块与变化/灵活性模块。

相反的,Wheelabrator的文化更偏向于股东驱动,在这样的文化中,所有级别的经理们/执行官们都理解并认可组织的使命与目标,组织对未来的战略是明确而公开的。人们是结果和成就导向的,专注于完成工作。在Wheelabrator,人们的技能与能力被视为竞争优势的一个重要来源。

## 第二部分 介绍：三阶段十步骤框架

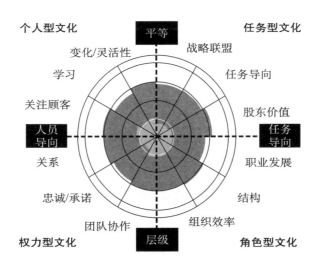

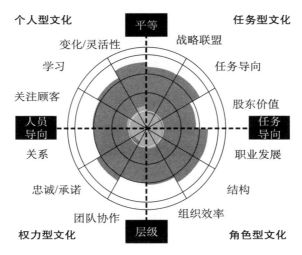

图2.11　Wheelabrator—DISA组织价值观剖面图

与大多数我们参与过的跨国并购项目一样,我们这里也使用了一个我们称之为跨文化评估剖面图(intercultural assessment profile,IAP)的工具。这个工具能够使参与者对自己的跨文化导向进行一个全面的个人分析。IAP使用了Trompenaars Hampden-Turner咨询公司历时15年开发的七维度文化模型。曾经大约有80 000名管理者完成了这一问卷。我们使用了一系列的诊断问题,与参考模型进行对比,来识别个人跨文化导向。

　　这样做的主要目的是帮助管理者们梳理自己的经验,促进个人的快速发展,以便在国际商务和(或)公司合并情境中工作。IAP给出了深层民族文化冲突的实质,当然也包括跨国并购中的文化冲突。

　　这一套工具使以下价值观两难问题凸显出来:

- 我们要确保质量满足顾客的高标准要求 vs.我们应转向市场开发,将产品销往世界上的其他地区。
- 我们想控制成本,以实现我们的目标 vs.我们想要成为一家以满足顾客一切需求而著称的高技术水平的公司。

　　上面两个两难问题得到了并购前两家公司之间普适主义—特定主义这个维度的交叉验证,也证实了两难问题的本质:

- 共同管理以激发创造性与创新 vs. 由一个经理来全权负责,做出决策。

　　与DISA相比,Wheelabrator在个人主义这个维度上得分更高,这也交叉验证了第三个两难问题:

- 我们想要控制成本，以实现我们当初卖掉这家公司的目标 vs. 为了未来的增长和可持续发展，我们想要培养自己的员工。

  我们的关系特定（削减成本）与关系弥散（培养员工）这个维度证实了第四个两难问题：

- 我们需要开发自己的参与模式（倾听和回应的技能）vs. 我们需要开发更好的传播渠道与决策方式（决断性）。

  在这里，成就与归属维度占了主导地位。第六个两难问题是有关时间维度的：

- 为了满足投资方的要求，并使员工充满动力，我们应关注短期目标 vs. 为了成为一个对买家有吸引力的可持续发展的组织，我们应将注意力放在长期目标上。

  一旦我们将两难问题表述出来，并且经过了企业文化与可能的其他相关文化之间差异的验证，就该看看在关键时刻，两个组织各自高层领导者的个人价值观是怎样帮助组织协调这些两难问题的。

  这个过程的第一步是对领导团队的个人价值观进行剖析，并得到他们进行价值观和行为上改变的承诺。

## 测量工具：个人价值观剖面图

我们用个人价值观剖面图（personal values profiler，PVP）来评估关键人员的个人价值观。PVP中，答案不分对错,也没有哪一个价值观导向比其他的更好或是更差,但它提供了关于员工与组织之间关系的重要见解。来自不同文化或不同职业的人们有着不一样的视角,都想要追求并优先考虑自己的利益,而这些利益和其他人的未必相同。

我们的企业价值观剖面图(corporate values profiler,CVP)是PVP的一个变形。它们在本质上是相同的工具,只不过我们要求受访者指出组织应该受到什么价值观的驱动。

什么对个体是重要的,什么对组织是重要的,这二者的统一变得越来越重要。请想象一下,有一位年轻的女士选择了医疗事业,因为她觉得这和她的PVP是一致的。然而她发现,在一个地处市中心的公立医院工作的现实包括要受到酒鬼和瘾君子的谩骂与殴打,还要时刻专注于自己的工作,以防因任何与医院严格的(埃菲尔铁塔型的)指导方针不符的行为而受到起诉。对效率和遵守程序的要求会反映在医院的CVP中,而这与她的PVP相去甚远。对此,她的反应可能是很低的工作积极性和绩效,或者会干脆离开医院,去私人诊所工作,因为那里与她的PVP可能更为契合。

图2.12所示的是Wheelabrator-DISA的合并案例中的个人价值观剖面图。这里使用的是平均值。

个体是怎样给不同的价值观排序的?组织中员工们在这方面有怎样的差异?探索这些为我们提供了关于员工与组织之间关系的重要理解。在Wheelabrator与DISA的合并案例中,两家公司的剖面图惊人地相似。DISA也许需要更多一些的变化和灵活性，Wheelabrator的领导团队可能需要更多的职业发展和效率。

PVP让我们了解促进或者阻碍变革的因素，以及组织维持稳定性、可持续性和创新的能力。这些要素能够对组织应对挑战和两难问题的整体能力产生重要影响。

我们经常将PVP和CVP这一组合与我们的OVP联系起来，为企业文化提供更详尽的对比。我们要尤其注意新公司核心使命背后的价值观与关键员工PVP之间的任何不匹配之处。

## 第四步：选择价值观和行为

在实现组织目标的过程中，与组织目标相契合的核心价值观有着重要的作用。

选择核心价值观方法主要有：（1）把价值观当作完整的动词；（2）价值观应有助于协调核心业务两难问题；（3）价值观应有助于协调核心文化两难问题；（4）价值观能够为任务和使命赋予生命力；（5）（组织）价值观是个人价值观的延伸。

### "核心价值观"的必要性

成功的经验能够培养价值观，而价值观对于两难问题的协调过程起着十分重要的支持作用。因此，确定核心价值观的最佳方法就是在协调两难问题的时候提出这个问题：我们需要什么样的价值观和行为来协调这个两难问题并支持相应的后果？

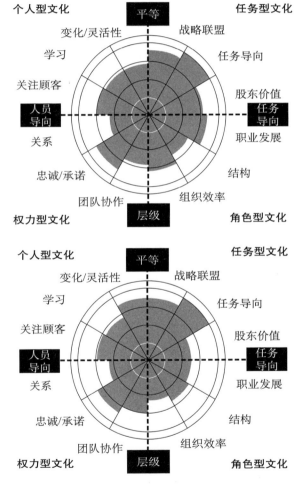

图2.12 Wheelabrator—DISA个人价值观剖面图

下面给出的一些例子都十分生动。在每个案例中，都是先确定关键的业务两难问题的协调方式，然后再确定价值观和行为。UniCredit的例子也许能够说明选择核心价值观的重要性。

我们把组织中不同部门的代表分成5—6人的小组，让他们思考一个明确的业务两难问题。他们先完成了协调两难问题的前六个步骤，然后我们请他们描述为了协调这个两难问题应该具备哪个（哪些）价值观和行为。两难问题协调过程的最初六个步骤通常会引出许多围绕这一内容的讨论。而第七步，即让参与者思考支持协调两难问题的行动计划所必需的价值观和行为，这一步骤可以有效地让人们将业务两难问题与特定的价值观和行为联系起来。UniCredit的案例稍有不同，在这一案例中，首席执行官Allessandro Profumo已经确立了企业的核心价值观。但是他想要核实这些价值观的有效性和可靠性。我们邀请参与者们来提议，现有的价值观和行为中，哪些最能够帮助组织协调两难问题。如果有必要，我们也鼓励参与者们提出一个新的价值观（的集合）。让我们来看看这样做会带来什么。

表2.4展示了来自参与者的反馈结果，这一结果在UniCredit被称为"诚信宪章"。

这一过程是一个极好的练习。在这个练习中，不同国籍的参加者都有很强的参与感，并且感觉自己受到了重视。尽管这些价值观是由高管们定义的，但在参与者们受邀验证这些价值

表2.4 意大利联合信贷银行的诚信宪章

| 两难问题 | 价值观 | 支持价值观的有效行为 |
| --- | --- | --- |
| **共享的承诺**：中心化 vs. 去中心化 | 互惠、透明、信任 | 通过共享最佳实践协调不同业务之间的关系，增进现有的管理与流程方面的沟通 |
| **优秀的跨国团队**：意大利的 vs. 其他欧洲文化的 | 自由、信任 | 定义与关键胜任力相一致的人才培养和招募流程，开发流程以完善团队多样性 |
| **传播成功的故事**：奖励那些能够有效管理不同人员的领导者：少数经营决策 vs. 平等的贡献机会 | 尊重、透明、信任 | 会议的黄金法则要求责任明确，领导者言行一致 |
| **先行者**：独立 vs. 责任 | 互惠 | 清晰的规则、标准和明确的目标；明确胜任力特征，并与绩效体系挂钩 |
| **言行一致**：公开宣称的价值观 vs. 机会主义的行为 | 公平 | 开发员工评价系统，顾客/员工满意度的测量，广泛的内部沟通和对信誉风险的强调 |
| **沟通**：隐晦的 vs. 需要沟通的 | 尊重、责任、透明 | 会议对每个人的发言有明确的规定，发言应逻辑清晰、具有连贯性 |
| **UniCredit 的规则**：企业家的天赋 vs. 明确的规范 | 自由、透明、公平 | 塑造英雄，并且以大家看得见的方式奖励员工，开发最佳实践分享论坛，奖励创新观点的共享，允许失败 |

观并将之转化为实际行为的时候，它们突然变得鲜活起来了。于是，这些年下来，被并购的不同银行和公司的文化之精华荟萃成为UniCredit的价值观。尽管这些文化各有不同，但它们始终都有一种市场开发的意识，都有一种对附加价值的增长、企业社会责任、员工发展和顾客关系的可靠承诺。就其本身而言，这六个"诚信的基础"描述了UniCredit的员工与其他组织打交道时的行为，包括机构实体，如政府当局和公务人员。我们继续研究了诚信宪章，这是一个令人印象非常深刻的文件。我们可以很容易地看出来为什么宪章里的价值观对于指导UniCredit的整合过程如此重要。然而，像差不多所有的道德声明一样，它也有所欠缺。它固然不是错的，事实上它比大多数的价值观都要好得多，但它也不是尽善尽美的。如果能够与对立面平衡一下，UniCredit的价值观会更好一些。

公平、尊重、互惠、透明、信任和自由，这些全部都是名词。在学校，我们被教导说"名词代表一个具体的人、物或地点"，尽管它也可以是一个抽象的想法。很显然，价值观不是人、地点或具体的事物，因此就一定是抽象的想法了。如果我们假设信任是好的，那么"更多信任"就更好，因此价值观就像银行里的钱一样，可以累积了。如果这么想，那么现在我们的价值观就多得要崩塌了。用对比配对的方式来思考价值观可以带来更多见解，因为此时价值观成为"差异"而不是"抽象的事物"。

安达信对安然给予了巨大的信任，结果导致自己的消亡。

为什么？因为安达信的工作不应该只是信任安然，而是通过审计来核实安然是一个可信任的组织，然后向全世界宣布这一结论。信任不是独立存在的，它与监督有着紧密的联系。我们学会信任那些我们经常监督的组织，这样我们才能更加信任他们。的确，信任会像金钱一样增加，但信任不是独立存在的，它必须与它的对立面联系起来。信任和监督（或核实）在诚信中共同增长。我们注意到，UniCredit在将其价值观应用到关系上时是很谨慎的。我们很欣赏这点，但他们可以尝试着再走一步，将此应用于不同的人群所信仰的价值观之间的关系上。

这一观念适用于表2.4中的所有价值观。

公平与尊重

在古希腊和古罗马神话中，正义之神是一位蒙眼的女性。为了让她专注于事实和法律，屏蔽来自当事人的干扰，她在审判时被蒙上了双眼。如果让她直接审视当事人，她就不可能平等地对待他们。

与之相反的是，"尊重"这个词来自拉丁语respicere，意思是"看"。当你深入窥视人们的灵魂时，你会尊重他们。当然了，在一个复合文化（hyper-culture）中，你可以公平地对待人们，同时也真诚地尊重他们，但是一定要理解并处理好这些价值观之间的矛盾。每个人都有权利得到平等对待。当你公平地对待人们的时候，他们会展示出更多值得你尊重的特质。

互惠与主动

当人们没有做到互惠的时候，通常不是因为他们不知感激,而是因为他们并没有觉得你为他们所做的事情有价值。UniCredit希望人们能够主动去做有价值的行为,而不仅仅是回报这些行为。将互惠与主动性配对的价值在于我们可以要求那些没有进行互惠的人们解释一下,在什么情况下他们会进行互惠。什么会让他们心怀感激?我们所知道的一家投资银行把这个叫作"搞定你的老板"(managing your boss)。为什么你的老板没能让你对他所做的产生感激之情?他还需要做什么?如果你不想互惠,请至少说明为什么!我们所有人都有责任去努力主动构建更好的互惠关系。

透明与谨慎

透明是一个非常好的价值观,它赋予业务单元尽可能多的独立性。但是,正如所有的价值观一样,它也需要一些先决条件以使它真正有效。银行业是一个十分注重隐私和保密的行业。银行的私人客户们并不想把自己的财富公之于众。在欧洲的一些地区,财务邮件甚至都不会被递送到客户的家!我们谨慎地对待客户的信息,同时我们为成功所付出的努力是公开透明的。我们可以公开我们的业务,但这仅仅是针对那些自身业务就是要更多地了解我们的人,否则,信息是保密的。

自由与责任

作为UniCredit的首席执行官,Allessandro Profumo对股东负有责任。在他的工作中,他能够也确实享有多种自由,这些自由都能够帮助他卸下这种责任,或者至少不妨碍这一责任。他可以"自由地负责",但不能够免于不负责。这一原则同样适用于向他汇报的人们。他给他们一个"自由区间"（intervals of freedom），一个月或更久，可以不必接受他的监督；但是，在这段时间里，他们要自己负责，而且这个时期越长，就意味着他们越负责任。他们拥有了更多的自由，但同时也为怎样使用这种自由承担更大的责任。

**把价值观看作具有整合性的动词**

UniCredit的例子代表了确定核心价值观的一种方法，就是询问什么价值观对协调业务两难问题是最有帮助的。这不是唯一的方法，在一些其他情境中，有可能更合适的方法是遵循一种更具有归纳性的流程，在这种流程中，我们要求管理者找出能够帮助他们的价值观。

让我们回顾一下"Beauty"案例，在这个案例中，顾问们要创建一个新组织——PIOL。最终的结果是令人惊异的。我们先来回顾一下在PI与OL的合并中那些主要的两难问题：

- 推动尖端产品和独特服务 vs. 依靠现有这些可以大规模推广的且稳定的服务和诊断方式；
- 为国际客户提供全球化的有意义的服务 vs. 为亲密客户提供一种实用的荷兰式服务；
- 培养具有创造性的个体 vs. 发展更好的团队合作；
- 对员工的不断培养 vs. 对股东的贡献。

当参加者们寻找可以帮助他们解决这些两难问题的价值观时，他们首先会发现，所有的建议都只对两个组织的其中之一最有利。因此，当客户导向作为一个可选的价值观被提出来的时候，我们问了这样两个问题："它必须是一个名词吗？""为什么客户还不能理解我们的先进的服务产品？"类似的，团队合作这一价值观之所以备受批评也是因为一些顾问担心它会损害组织对于独立创造性的需求。那么，股东价值这一价值观又如何呢？我们又把股东放到第一位了吗？有趣的是，PI公司的顾问们习惯于将至少25%的总营业额投入研发中去，他们能够更好地理解组织对于这一价值观的需求，因为即使在艰难时刻，他们也没有在持续投入研发上做出过让步，哪怕有时候这样做会带来损失。他们认为股东价值这一价值观是不可持续的。这一点在他们与OL公司顾问的互动中变得更加明显，OL公司的顾问们一直习惯于投入较低的研发费用和获得较高的股东红利水平。应该做些什么来协调不同的观点呢？

然而，在进一步讨论之后，他们明确地意识到，为了使价值观有效且实用，就要将价值观与其对立面整合起来，就像上文描述的那样。PIOL公司复制了在UniCredit进行的描述价值观的流程。以下是他们得出的一些价值观：

- 努力实现由富有创造力的个体组成的团队合作；
- 努力进行本地化学习，并且让这种学习得到全球化推广；
- 持续开发满足客户需求的前沿产品和服务；
- 努力提升股东价值进而实现员工成长。

这些价值观都是整合性的，接下来，大家应该关注的是如何使这种全新的思维方式成为现实。哪些行为表现能够表明这些价值观已经深入人心了？我们稍后会在探讨"从价值观到行为"（values to behaviour）这个部分和如何建构监督机制的关键绩效指标（KPIs）时讨论这一问题。

**用价值观来帮助协调核心文化的两难问题**

我们很愿意看到合并中的各方希望共同努力创造一种能够共享的现实，而不是关注差异；但是，我们也不能忽视在实现这种共享的过程中，潜在的价值观冲突的风险。在协调核心文化的两难问题时，我们可以借鉴处理业务两难问题时所使用的方法。

在UniCredit的案例中，出现了"典型"意大利导向与"典型"德国导向之间的冲突，这也在我们的OVP诊断得分的研究结果中得到了证实。很显然，如果我们不能在尊重两种方法优势的前提下克服这些挑战，新公司的绩效将会遭受不良影响。

我们分析的第一个两难问题关注的是创建一个泛欧洲文化：

这个新的UniCredit集团致力于打造一个多元的欧洲文化，组建一个由具有丰富跨国经验的人所组成的未来领导团队。

但是，这一战略遭到了不同国家团队的强烈反对。由于"老关系网络"（oldboy networks）的存在，员工如果接受了派去国外的职务，在回国以后会很难再次融入当地团队。

协调这个两难问题对于确保UniCredit未来的有效性十分关键。图2.13展示了这种协调方法。新的管理团队对此问题做出如下建议：

- 创建一个欧洲范围的"人才项目";
- 通过快速追踪计划来系统地识别与培养人才;
- 为最好的人才创造跨国工作的机会;
- 制定具有吸引力的外派人员政策;
- 鼓励国际化安置和外派人员;
- 制定公平且有吸引力的外派后归国政策;
- 总部要聚焦在整个欧洲的业务发展,为外派人员的职业发展创造条件;
- 开发并执行适当的人员招聘和晋升的政策,明确规定有外派经验的人才是有优势的;
- 探索跨国领导者的双重任职;
- 支持内部人才网络;
- 提供以互联网为基础的沟通工具;
- 鼓励银行范围内的人际网络通信录、个人黄页等;
- 在进行外部招聘时,强调只有"第一家真正的欧洲银行"能够提供的独特的机会和项目;
- 用奖金来鼓励部门之内和跨部门的合作;
- 创建类似博客的沟通工具,或以建立伙伴小组的方式来为不同的团体之间搭建桥梁;
- 让所有员工都意识到人际关系网络是让银行内部各个部门能够更好地合作的一个重要工具;
- 定期召开面对面的会议,并且要保证这种会议有足够的频次和时间,以促进人际关系和谐及相互信任。

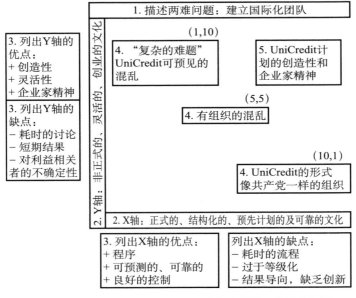

图2.13 UniCredit跨国人员的工作两难问题

第二个两难问题是关于举行会议和制定决策的不同方式的：

意大利的高管们习惯于在会议前碰面来做出决策，而非意大利裔高管们常常会感到自己被排除在这种十分微妙而亲密的决策文化之外。意大利高管们期待会议能够维持他们决策前的共识。

奥地利和德国的高管们会为会议准备议程和详细的文件，将文件分发给与会者，供其进行会前思考。他们期待能在会议期间讨论决策的选项，并在会议上达成共识。

大家对会议后的执行过程给出了许多评论。意大利高管们希望决策给他们在执行过程中留有一定的自由度。奥地利和德国的高管们则希望决策是清晰明确的，有详细具体的行动说明德国人会实行已决定好的方案，而奥地利人则会找到另一个他们更喜欢的方案，然后实行这个新方案！

一些小组将这一两难问题绘制成了图2.14。

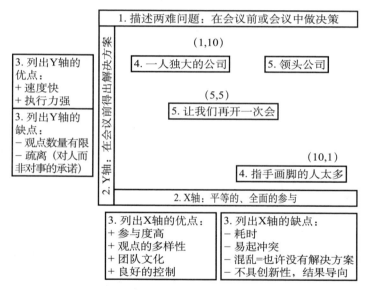

图2.14　UniCredit的会议文化两难问题图

通过以下这些行动，我们与首批60名受访者进行的进一步会谈达成了"协调"的目的：

- 寻找愿意将每个文化中隐性的沟通规则显性化的志愿者；

- 提出一个关于风格的协调方案，来提高决策的速度和质量，让管理委员会修改并批准这一方案；
- 交流这些结果；
- 为获得在跨文化沟通中进行交流的技能，创造学习的机会；
- 在不同的文化中，寻求来自当地的合作协助人的支持；

关于一个组织的成功是如何依赖于其对不同价值导向的协调，另一个例子是Linde和BOC的领导力原则，Linde和BOC文化正是以这一原则作为其授权和责任的基础的。

通过我们的OVP诊断，我们发现，Linde是一个典型的德国"埃菲尔铁塔型"文化，体现了"信任是好的，但是控制更好"的原则。另一方面，BOC的"导弹型"文化则习惯于通过目标进行授权和管理。很显然，正如接下来的两难问题所示，这两种导向（自上而下与自下而上）各有其优点和缺点，我们通过图2.15来说明这一两难问题。

通过处理这个两难问题，原Linde高层逐步走向"授权员工"这一价值观。但是，我们来看看这个富有吸引力的价值观的附加内容。它表明，他们真正懂得价值观并不是业已形成的静态事物，而是一个寻求其对立面的过程。

这个价值观是这样被阐释的："人们被赋予贡献和成长的空间"，它很好地概括了这个价值观。

为什么是这个价值观？

- 我们的员工创造了我们的成功；

图2.15 Linde-BOC的文化两难问题

- 我们相信,有能力的和负责任的员工很重要;
- 我们信任我们的员工,我们给个体和团队授权来让他们做正确的事。

关键的支持性价值观:责任、信任和透明。

具体的行为表现主要有:

- 我们有清晰的目标,并要求员工负责;
- 我们定义边界,但会给员工留有发挥主动性、学习和个人实现的空间;
- 我们鼓励企业家精神;
- 我们坚持自己所相信的,做正确的事;
- 我们支持员工的职业发展并提供培训教导他们如何取得成果;

- 我们每一个人的行为表现都与我们的基本原则一致，即安全、诚信、可持续发展和尊重。

我们拒绝：欺凌，恐惧和微观管理。

因此，对Linde集团来说，授权是伴随着责任的，信任是伴随着明确目标的。这使得Linde集团的价值观是整合性的，而且该价值观在这个非常成功的组织中得以很好地体现。

**价值观赋予使命和任务以生命力**

在对照着组织愿景和基本原则审视了他们的价值观之后，Linde集团的首席执行官Reitzle说道：

2006年9月6日，这个日子标志着我们公司一个新时代的开始：Linde集团的诞生。Linde和BOC的合并创造了一个全球领先的气体和工程公司，在全球专业技术核心领域占据着强有力的地位……

通过在一些领域提供创造性的解决方案，如清洁能源、能源效率、更安全也更健康食品的加工及经销、废水处理、环境保护和医疗保健等领域，我们有能力对世界产生更重要的影响。为了人类的福祉，以及造福我们共同生存的星球，我们将不断地在这些领域及其他领域寻求新的技术、应用和服务。

我们共同的愿景让我们成为一个整体，让我们专注于前进的方向。

我们的核心价值观和基本原则为我们提供了一个框架，这一框架能够协助和指导我们的决策和行动。一方面，它通过影响我们的行为方式和与人交往的方式，指导我们怎样与客户打交道；另一方面，它为我们与其他利益相关者的交往设定标准。这一框架会影响我们在组织内外作为个体及群体所塑造的形象。

公司的数百名员工都参与了制定核心价值观和基本原则的过程。在这一过程中,许多不同的观点得以涌现;然而,有一些核心的价值观是大家一致同意和确定的。全世界的Linde人都认可这些就是我们生活中应该遵循的价值观和原则。

**组织价值观是个人价值观的延伸**

在一些案例中,合并前的组织在发展历程和既得利益上会有很多差异,因此,我们最好从一个新起点重新开始。与其用头脑风暴法讨论哪些现有的价值观最适合新公司,通常我们更建议联合领导层做一下我们的个人价值观剖面图。个人价值观剖面图可以得到领导者的个人价值观,然后将这些价值观与他们之前给出的,他们认为适合组织的一系列价值观相比较。当然,理想情况下,两组价值观应该有吻合之处,通常也正是如此。这大概也正是他们之所以能成为组织的领导者的原因吧!

通过这种方法,个人价值观剖面图验证了组织价值观剖面图和核心价值观。在一些案例中,最有效的方法就是从领导者的价值观着手。在Campofrío集团的案例中我们就使用了这种方法。最初,这个集团是由遍布欧洲的许多独立运营的组织构成的。他们开始自上而下地定义其价值观:

作为一个公司,我们对价值观的定义将会围绕着一个成功的文化,而这个文化的基础是:(1)我们对客户和消费者需求的快速响应;(2)我们对质量和诚信的坚持;(3)我们对行动和速度的专注。

很显然,在欧洲各国高管人员的第一次会议中,人们感觉很不舒服。起初,我们只是让高层管理者定义核心价值观,但是接下来,大家觉得这些价值观太过普遍,尽管如此,这些价值观还是对促进下一步的讨论起到了很重要的作用。

表2.5的个人价值观剖面图显示了个人价值观的排序。

表2.5 Campofrío集团的个人价值观剖面图

| | |
|---|---|
| 客户导向 | 9 |
| 可靠的 | 7 |
| 灵活的 | 6 |
| 果断的 | 5 |
| 高效的 | 5 |
| 企业家精神 | 5 |
| 绩效驱动 | 5 |
| 冒险 | 4 |
| 成就 | 4 |
| 创新的 | 4 |
| 结果导向 | 4 |
| 信任 | 4 |
| 思维开阔 | 3 |
| 坦率的 | 3 |
| 承诺的 | 2 |
| 始终如一的 | 2 |
| 鼓舞人心的 | 2 |
| 充满活力的 | 2 |
| 专注的 | 2 |
| 忠诚的 | 2 |
| 团队导向 | 2 |
| 透明的 | 2 |

我们把组织价值观剖面图当作一种用来导出一些概念结构的工具，借助该工具，我们将上述个人价值观进行了聚类分析。这些价值观很好地分布在我们扩展后的组织价值观剖面图模型的十二个部分中。其中，客户导向、灵活性、思维开阔和企业家精神负载在"孵化器型"文化的三个部分上；可靠性、一致性和效率负载在"埃菲尔铁塔型"文化的部分上；果断、专注、绩效、成就和结果导向属于"导弹型"文化的部分；信任、承诺、团队导向和忠诚符合"家庭型"文化的三个部分。

接下来，我们讨论了哪些价值观最能够概括新公司的本质，探讨了对业务两难问题的协调，也讨论了组织领导者的个人价值观。我们逐渐在以下信条上达成了一致：

1. 承诺与激情和才能共同作用，使我们能够展现最好的自己，并博得所有利益相关者的尊重。承诺日复一日地体现在每一个决策和每一个行动之中，这些决策与行动创造了一个孕育成功的环境。承诺是一种态度，它引导我们以负责任的方式发挥我们在公司的作用。承诺是我们成功的基石。

2. 关系是业务的基础。与每一个利益相关者的关系，与社会大众的关系，都是随着时间的推移建立起来的，它是我们最宝贵的资产。值得尊敬的和真诚的关系带来了消费者、客户、供应商及员工对我们公司的忠诚。依靠每一个合作伙伴的力量建立起来的关系和团队协作对于创造新的机遇，以改善业务和维持增长，是最重要的。

3. 各个层级的企业家精神将会使我们更具创造性、更大胆、反应更加敏捷。企业家精神意味着在积极主动地追求卓越的同时也要尊重已确立的企业目标。我们期待每一个公司成员都具有企业家精神，这种精神为我们率先进入市场提供了机会，这些机会又强化了我们的声誉，并鼓舞整个行业。企业家精神是一种拒绝安于现状的态度，当大型企业可以同小企业一样灵活行动时，其回报将是不可估量的。

4. 多样性可以带来创造性，也能带来突破性想法。多样性是宝贵的财富，我们应该在每一条规章制度中都鼓励并充分利用它，以适应不同的观点和实践。多样性使得我们能够跳出常规思考的框架，从而选择并实施那些未来会带给我们竞争优势和持续增长的想法。多样性可以让员工分享企业的成功，并驱动领导力。

**同一个团队，同一个愿景，同一个使命**

我们得到的最终结果极具包容性，反映了所有参加协调过程的人的业务和个人需求。从一开始，我们讨论的中心就是新的Campofrío集团分享的是什么，而不是所有构成组织之间的差异。

**通过比喻来探索组织的核心价值观**

我们有时候会用比喻来探索一个组织的核心价值观。在这个过程中，我们会让领导者和管理者思考他们的组织，然后用一个汽车品牌、一种动物、一支足球队或一位电影明星来概括或反映这个公司的本质。他们需要做两个比喻：一个是描述合并前组织的现状的比喻，另一个是描述合并后组织理想状态的比喻。

表2.6是这个练习成果的一个示例,是有关一个法国组织和一个荷兰组织的合并。

表2.6 企业标识——汽车的比喻

| 目前的 | 理想的 | 为什么? |
|---|---|---|
| 奥迪A5 | 沃尔沃XC90 | 大体来说,我们为完成任务做了充分的准备。有奉献精神的团队,总体来说,团队很好。 |
| 沃尔沃 | 丰田 | 安全,结构稳固,无趣,并不时尚,反应迟缓,等等,就像一辆坦克 |
| 一辆公共汽车 | 一辆四轮汽车 | 承载着许多不同的人,他们有着不同的目的地 |
| 雷诺 | 某个日本品牌(别问我是哪一个,我是女性) | 很有国家特色的、有些传统意味的品牌 |
| 汽油驱动的丰田车 | 混合动力的丰田车 | 能吸引很多人的大众品牌。质量好,有时会被认为过于昂贵(因此采用汽油驱动) |
| 达契亚 | 丰田普锐斯(混合动力) | 物有所值——低成本,质量尚可;产品多元化——优化并简化要求 |

比喻暗示了关系的不同模式。在这个方法中,比喻的好处在于它们刺激参与者跳出目前的现实,然后想出一个合乎逻辑的相似物。这个方法使人们能够在一个零风险且非个人的设计中将问题概念化,并且在很大程度上帮助我们了解人们在想什么,以及他们相信什么(见表2.7)。

表2.7a 现在的组织——动物隐喻

| 动物 | 描述 |
| --- | --- |
| 章鱼 | 多年来在突变中存活下来的聪明物种——但是在中间有一颗沉重的脑袋控制着触角的行为 |
| 河马 | 巨大的、强壮的，但是有一点安静 |
| 羚羊 | 在恐慌中奔波，并不确定要去哪里以及为什么 |
| 一只从八爪变为九爪或多爪的章鱼，它的触角在不停地动 | 多样性、敏捷、不断变化 |
| 胖胖的大象 | 强有力的、知名的、值得尊敬的、坚实的机构 |
| 具有老虎思维的大象 | 坚实的、有技术的、动作有些缓慢、形象良好的，并不断进取 |
| 一个动物园？我们不是一种动物，我们是很多不同种类的动物 | 我们不是一个还没有完全整合的不同组织的集合。然而，我们的多样性蕴含着强大的实力，尤其是我们的多样性代表了客户的多样性 |
| 正在蜕皮的蛇 | 蜕皮是一个与成长和进化到"下一个阶段"相连接的过程。这一过程需要时间，甚至伴随着痛苦，而时间的消耗会削弱对环境挑战做出反应的能力 |

## 第二部分 介绍：三阶段十步骤框架

表2.7b 现在的组织——动物隐喻

| 动物 | 描述 |
| --- | --- |
| 赛马 | 高度聚焦的、迅速的、拥有追求胜利的激情 |
| 海豚 | 敏捷的、灵活的、迅速的、方向感良好、善于沟通、群居生活，但个体也拥有相对独立的空间 |
| 狮子 | 强有力的、迅速的，但也时时躺在阳光下，四处张望，冷静而深思熟虑；它并不一直在行动，但当它行动时，则十分专注 |
| 豹 | 试图在它所做的一切事情上表胜且获利；快速的、成功的猎手，能快速地适应变化中的环境；尽管不是区域内最大的动物，却十分受尊敬 |
| 狐狸 | 聪明、有能力、关注家庭、适应性很强、愿意捕猎 |
| 狮子和白蚁杂交的后代 | 结合了狮子捕猎的特性，以及白蚁的工作主动性和高超的社交技能 |
| 雕 | 主宰着领空，飞得高但很放松，时刻保持警惕，当猎物在抓捕范围内时，随时准备出击 |
| 鹰 | 鹰可以从很远处就锁定目标，并迅速冲向它们；它可以自主调整速度和海拔，并能很轻易地克服天然障碍；在它的环境中，它不必害怕天敌 |

> 比喻被定义为"不相似中的相似之处"。比喻（metaphor）这个单词由meta和phor两部分组成，前者的意思是"在……之上"，后者的意思是"描述"。因此，比喻就是"在描述之上的"。我们可以把它想象成一座桥梁，比方说，战略和我们反思战略的能力之间的桥梁。比喻可以用来代表你想说明的东西。例如，用易拉罐来代表家用复印机的一次性硒鼓。当研发团队想到这个主意时，他们手里正拿着啤酒罐。有一家粉刷公司的涂料干了以后，会从光滑的墙壁上脱落下来，因此他们把自己想象成在陡峭的悬崖表面攀缘的登山者，在岩石上为自己凿出立脚之处。

**核心价值观的结构**

核心价值观形成了一个具有引导作用的价值观框架。因此，限制核心价值观的数量可以增加透明度，并且简化塑造"价值观驱动的组织"的过程。通常，我们建议一个组织最多有四个核心价值观。很重要的是，我们需要将核心价值观转换为有效的行为价值观（期望的行为）。随后，这些行为价值观可以在日复一日的业务、系统和流程中得到传达与贯彻。

我们要强调的是，这些价值观并没有优先次序——所有的价值观对于日常业务的运转都很重要，不论是在会议中，还是在做领导决策时，抑或是与单个员工或者员工群体打交道时，甚至是在与供应商、客户和股东打交道时。我们选择出来的这些价值观要成为所有沟通和行为的基调，它蕴含了公司文化的精髓，以此来支持商业战略目标。

**将价值观转换为行为**

从现在开始，我们开始讨论如何通过识别那些能够表达和体现价值观的行为，以便将价值观转换为日复一日的实践。包括：（1）指出可接受的和不可接受的行为；（2）想象未来；（3）做出关键决策。

组织价值观剖面图、个人价值观剖面图和跨文化评估剖面图关注的都是对关键团体及相关个体之间主要差异的诊断，而目前这个步骤关注的是新组织需要分享的是什么。为了在合并后的流程中创造一个可持续发展的高绩效文化，这个步骤再次回顾了需要解决的两难问题的总体概况，包括业务两难问题和文化两难问题。

正如我们先前所说的，一个新公司在整合过程中都会面临基本的业务和文化的两难问题，一个"共享价值观"的"价值"在于它能够在多大程度上帮助企业协调这些两难问题。

那么，合并后的组织认为什么是重要的？一个组织的核心价值观是建立在那些驱动我们和凝聚我们的要素上的。核心价值观是一个组织永恒的信条。核心价值观和核心使命共同反映了组织立场，并将这些传达给外部世界。

**将价值观转换为行为的流程和工具:"诚信宪章"**

这是一个界定期望行为和不期望行为的过程。最终的产物可以用"行为宪章"(charter of behaviour)来表述。这样做的目的是增进一个团队中成员共同的理解、信任、沟通、合作和有效性。它也能激励整个团队和团队中的个体,来实现宪章中提出的行为。

下面这两个基本的流程可以用来定义或者调整新组织中的核心价值观:

1. 从领导团队和他们的直接下属开始,让他们在一个两难问题讨论会中使用本书中描述的两难问题协调过程(dilemma reconciliation process, DRP)去处理一系列业务和文化中的两难问题。这就使得我们能够开始选择那些支持两难问题协调过程的共享价值观和行为。

2. 在进行了对共享(核心)价值观的第一轮选择后,我们需要进行一个从价值观到行为的研讨会。我们依然从领导团队(互动团体的最高层)开始进行。从价值观到行为的流程运用组织的核心价值观来巩固信任,增进团队内部和团队之间的沟通,进而改善团队的日常合作和工作绩效。

这一流程由几个步骤组成。以创建一个"行为宪章"开始,以更好地"实现"这些行为的行动结束。这个宪章既列出了期望的行为,也列出了不期望的行为,团队认为这些行为对于有效处理日常工作和创造一个积极的、富有建设性的工作环境十分重要。

我们用一个结构化的工作表将每一个核心价值观转换为期望的或不期望的行为。首先，进行个人陈述；然后，每个人将这些个人陈述排序；最后，由团队来做评估。整个过程的结果是为领导团队选出最重要的核心价值观，为团队选出期望的和不期望的行为，并且最终产生一个宪章。

我们按照以下步骤来执行从价值观到行为的流程：

1. 选择第一个核心价值观来"转换"并讨论转换过程中可能遇到的障碍。

2. 团队中的个体通过思考特定的、具体的、可观察的行为来完成这一工作表。例如，"值得信赖"这种说法就不够具体，我们要进一步追问，某人是怎样"表现出"他们是"值得信赖"的。例如："一旦做出承诺，务必要做到！"

3. 要用一个最近的例子来说明你期望的行为。

4. 讨论已经提供了什么并分享一些事例。

5. 由协调人/抄写员在白板上列出或画出大家所说的内容。

6. 依次选择第二个、第三个、第四个等核心价值观，分别标注出推行相应核心价值观所面临的障碍，然后重复这一过程。

7. 在白板上用彩色贴纸为这些陈述进行优先级排序。

8. 以照片记录此前步骤形成的成果。

9. 根据每一个核心价值观中占优势的那些陈述（期望的和不期望的行为），制定内部行为宪章，如表2.8所示。

10. 最后，通过参与一个有趣的"践行宪章"活动来落实你要推广的内容。

表2.8 内部行为宪章示例

| 共享（要应对的状况：缺少足够的时间和支持来做充分的准备） | | |
|---|---|---|
| 支持的价值观 | 可观察的行为 | |
| | 期望的：我希望你…… | 不期望的：我不希望你…… |
| 透明、开放、相关性、清晰 | 1. 交换观点和价值观<br>2. 能够被人看出是在受工作<br>3. 对我所说的做出反应<br>4. 尊重普通员工，并表现出这种尊重 | 1. 做出无法履行的承诺<br>2. 把事情搞得太私人化<br>3. 让我相信你可以同时搞定所有的事情<br>4. 行动中没有对过去的尊重<br>5. 对我控制过多（给我留些空间） |

| 可预测的（要应对的状况：对于更多信任的需求） | | |
|---|---|---|
| 信任、负责任的行为、幽默感、责任 | 1. 预见未来发展，并分享你的愿景<br>2. 用同意或者否定的反应表现出对我的解决方案的尊重<br>3. 在主要问题的各个方面都很开放<br>4. "践行"一个决策 | 1. 对不同的人讲不同的故事<br>2. 持续给人们施压<br>3. 让自己措手不及<br>4. 迁怒于他人<br>5. 自满 |

（续表）

| | | 可观察的行为 | |
|---|---|---|---|
| **团队协作（要应对的状况：主观差异和对尊重的需求）** | | | |
| 支持的价值观 | | | |
| 相互尊重，协助与帮助，全心投入 | 1. 说出真实想法<br>2. 扬长补短<br>3. 对我感兴趣并表现出来<br>4. 表现出同情<br>5. 放松 | | 1. 批评团队成员<br>2. 攻击而不是协调<br>3. 对某事守口如瓶 |
| **改善（要应对的状况：太多的本位主义和那种"多年经验"的心态）** | | | |
| 创造性，积极主动，标杆管理，创造双赢 | 1. 关注影响大的事情<br>2. 共享人际网络<br>3. 开发目标愿景<br>4. 搞定你管理下的两个层级<br>5. 训练你的员工 | | 1. 推迟艰难的决定<br>2. 在细节上花费太多时间<br>3. 在不切实际的交易中浪费时间<br>4. 雇用顾问 |

但是不要仅仅让这个宪章停留于纸面上，而应通过以下途径在实际工作和生活实践中施行：

- 将宪章中的内容与目前的业务挑战联系起来；
- 制定向下属逐级传达行为宪章的活动，确保每个团队成员都能实践这一宪章；
- 选出合适的人员去和其他部门进行沟通和思想交流；
- 明确协调和干预两难问题的需求；
- 制订计划来监督和测量行为改善；
- 评估对于领导力的要求；
- 制定内部沟通要求；
- 识别出为了巩固这个整合的契机，我们还需要什么其他的支持/行动。

从价值观到行为的过程使用了在组织中真正被共享的价值观释放出来的能量。例如，体现了组织奋斗目标的核心价值观。通常，核心价值观反映了是什么约束并连接着这些为组织工作的人，它们是企业形象不可缺少的一部分。然而，它们往往无法激励管理者和员工。原因在于这些核心价值观往往太抽象了，以致无法在真实的生活情境中提供指导。因而价值观被解释或翻译成日常工作中能够应用的方式就变得十分有必要。这就是我们在从价值观到行为的流程中所做的，这也是为什么把行为宪章付诸实践如此重要了。

从价值观到行为的成功转化依靠的是那句古老而强大的格言"己所不欲，勿施于人"。在一个价值观到行为转化研讨会中，参与者们探讨了他们彼此所期待的行为，借此共同创建了一个内部宪章来约定一系列可观察的、他们期望的和不期望的行为，以供未来使用。

当两个团队需要改进他们的合作情况时，外部的价值观到行为的转化过程可以提供帮助。在这个过程中，两个团队都各自提出一个外部宪章，均包括每个团队（例如供应商或另一个部门）期待对方团队所表现出来的行为。在交换和解释各自的外部宪章之后，两个团队都要提出一项行动计划，以更好地"践行"彼此期望的行为。

**完整的团队**

这一从价值观到行为的流程是为完整的团队（建议最大容量为20人）设计的，因为它能协助实施由价值观转换为行为的流程，进而提高团队绩效。一个"完整的团队"（intact team）可以被定义为在组织中的任何一个层级中，拥有共同目标和共同文化的群体。另一个与完整的团队进行这个转化流程的原因是，团队成员可以监督实际发生的行为是否符合宪章规定。例如，让团队的一个成员检查会议中的行为，然后在会议结束的时候花费一些时间来给出建设性的反馈，这将是很有用的。成员们可以轮流担任这一角色。

那些看起来抽象的价值观如何能够转化为行为？PI公司和OL公司的咨询顾问提供了一个复杂而又美妙的例子。我们来回忆一下他们为PIOL得出的核心价值观：

- 努力实现由富有创造力的个体组成的团队合作；

- 努力进行本地化学习，并且将这种学习进行全球化推广；
- 持续开发满足客户需求的前沿产品和服务；
- 努力开发股东价值以进一步培养员工。

我们问了他们以下问题：

问题1：当我的同事做什么时，会让我发自内心真诚地说：

"这真是一个……的好例子，（例如）努力实现由富有创造力的个体组成的团队合作。"

问题2：我的同事不应该做什么？

"鉴于这个价值观，什么样的行为是你不会去做的？"

问题3：你能举例说明你的陈述吗？

表2.9—2.12展示了一些这样的对话的例子。我们将所有的想法都付诸纸上，让每个人投三次票（得分清楚地显示了最受欢迎的建议）。

为了开发这样的宪章而进行的研讨会通常需要半天的时间，研讨会也要讨论如何执行宪章，特别是要讨论要如何监督行为表现。团队个体也会受邀提出一个他们认为需要特别关注的特定行为。这些项目都很成功，并且很容易扩展到下级员工和面向更多客户的多职能团队。对于PIOL来说，这个过程带来了对于共享价值观和行为的全新关注，历史遗留问题和过去低效的行为很快就被抛弃了。

表2.9　努力实现由富有创造力的个体组成的团队合作

| + 期望的行为：<br>我希望你…… | | − 不期望的行为：<br>我不希望你…… | |
|---|---|---|---|
| 与团队分享我的个人观点<br>・通常和同事一起去拜访客户<br>・将别人所说的转述一遍，以检查是否理解 | 4 | 将信息仅仅局限在一些特定的人之中 | 1 |
| 积极主动的 | | 回避责任 | |
| 对不是"橙色"①的产品创新说不 | | 躲藏起来 | |
| 带来解决方案，而不是问题 | 4 | 总是瞻前顾后 | |
| 共同探索新的解决方案 | | 让自己变得比公司更强大 | |
| 发散思维 | 1 | 说"我们做不了""我们以前试过了，但是没成功" | 4 |
| 有建设性地相互挑战<br>・开创积极的沟通 | 3 | 关注个体的问题/小事情 | |
| 坚持不懈/不轻言说"不" | 4 | 因个体的成功而自满 | |
| 要多想 + 敢想 | | 把事情当作理所当然的：无监督地授权 | |
| 以真诚的方式积极参与 | | 周围的人会挑你爱听的话说。 | 7 |
| 彰显胆识勇气，让团队成为安全网 | 1 | 只提出问题而没有解决方案 | 1 |
| 支持想法 | | 像旅鼠一样相互跟随 | 1 |

① 橙色代表荷兰，这里指不具有荷兰特色的产品。——译者注

表2.10　努力进行本地化学习，并将这种学习进行全球化推广

| ＋期望的行为：<br>我希望你…… | | －不期望的行为：<br>我不希望你…… | |
|---|---|---|---|
| 避免不必要的复杂化 | | 口是心非 | 2 |
| 分享主要的问题、挑战和担忧 | 5 | 与每一个人谈论不满，但就是不和我谈 | |
| 能够被每个人接触到，而不仅仅是管理者和媒体 | | 消极抵抗 | 1 |
| 持续而定期与当地团队以外的人沟通 | 6 | 躲在本地政策之后 | 3 |
| 花时间在他人身上，建立信任 | 4 | 对于"拍马屁"很敏感 | 3 |
| 把"鲜花"送给别人 | | 为别人设置障碍 | 3 |
| 公正地判断不是你团队的成员，即使他们是消极的 | | 滥用等级制度/把等级制度当过滤器一样依赖 | 4 |
| 主动接触人们 | | 玩弄政治手段 | 1 |
| 征求意见/积极地寻找新观点 | 3 | 为了避免对话，只用电子邮件沟通 | 1 |
| 通过复述和开放沟通渠道来检查理解的情况 | | 紧闭办公室大门（或走动管理） | |

## 第二部分 介绍：三阶段十步骤框架

表2.11 持续开发满足客户需求的前沿产品和服务

| + 期望的行为<br>我希望你…… | | − 不期望的行为<br>我不希望你…… | |
|---|---|---|---|
| 每次为卓越的/高质量的绩效而努力，并能从反馈中得知绩效 | 1 | 马虎 | |
| 关注使客户开心的解决方案 | | 寻找事情没成功的原因/借口 | 3 |
| 先想后做 | | 永远有借口——埋怨 | 5 |
| 实践诺言 | 2 | 掩盖失误(缺乏主人翁精神) | |
| 总是先想到客户 | | 不实践承诺 | |
| 尽可能多地与客户共同开发 | 9 | 关注短期成功以取悦客户 | 2 |
| 关注/坚持你的目标 | | 行事缓慢以追求完美 | |
| 给出可付诸实践的反馈 | | 逃避对过程或观点承担责任 | 2 |
| 对于期望描述得很具体 | | 转换主题 | |
| 有紧迫感，不会拖延或追求完美的服务 | | 不尊重来自客户的反馈 | |
| 向客户征询直接而诚实的解释 | | 急功近利 | |

表2.12 努力开发股东价值以进一步培养员工

| + 期望的行为<br>我希望你…… | | − 不期望的行为<br>我不希望你…… | |
|---|---|---|---|
| 实践诺言 | 3 | 只是学习而没有应用 | 5 |
| 为自己的行动和收入负责 | 1 | 有自己的"小九九" | |
| 开诚布公地交谈（言行一致） | 1 | 为事情出错找原因/借口 | |
| 关注客户需求和股东——从客户的角度出发想问题，但要创造利润 | 8 | 回避问题 | 1 |
| 学会赚钱 | 4 | 只是独自学习，而没有应用 | 7 |
| 在一个商业计划中开发新的产品 | | 只思考下个季度的结果 | |
| 试验新产品 | 1 | 为了营业额而追求营业额 | 2 |
| 有选择地挑选业绩指标（如只看质量） | | 热衷于八卦和传播谣言 | 2 |

## 第五步：整合商业案例

阶段A的最后一步旨在让每一个人保持向同一个方向前进。在这一阶段，领导团队有足够的信息来开发一个详细的执行计划：

- 他们定制了这一沟通方式，因此它与全体员工的关键驱动力是一致的；

- 他们对集体的方向、愿景和使命有明确的感知；
- 他们了解核心价值观、原则与核心使命；
- 他们有一套指引其日常决策与行动的行为准则和驱动力。

在首席执行官和董事会执行一个完整的系统整合过程（包括文化变革）之前，很重要的一点是他们应该已经识别并阐明了进行整合的令人信服的理由。在绩效问题和文化问题之间必须有一个令人信服的联系。首席执行官及其团队应该为员工提供一个清晰的脉络去阐释整个系统的整合，为变革提供充分的理由，这样才能让高管和员工清晰理解并给予支持。

同时，它更多的是关于员工们怎样定位自己，以利用价值观的差异和构建长期的适应力与可持续性。

总体来说，完成了前面的步骤之后，我们会清楚地看到：

- 一个清晰的、联合的愿景框架和使命；
- 在个体、团队和组织层面上的文化和价值观的差异与相似性；
- 需要协调的主要业务两难问题和文化两难问题；
- 能够使协调成功的主要核心价值观与行为。

这些都是我们在下一个阶段所必需的要素。接下来，我们来看看如何执行新公司战略、关键业绩指标（关键绩效指标）。

## 阶段B：运用目标和关键绩效指标开发实施战略

为了实现战略联盟和并购的商业利益，现在我们工作的重点转到制定战略实施计划和关键绩效指标。这一阶段包括两个基本的步骤：

第六步，调查关键驱动力

第七步，通过目标和关键绩效指标制订实施计划

而且需要应用阶段A中诊断和分析的结果。

### 第六步：调查关键驱动力

重新确定组织的身份需要我们整合不同的目标、价值观以及协调结构上、职能上、文化上的差异。我们的解决之道是把战略、结构、运营、人员、文化，以及新组织所处的经济、社会和文化背景整合到一个整体中，从一个整体的角度出发，设法确定如何匹配和协调这些元素，从而产生最大的效果。

验证关键驱动力的必要性如下：

- 为整合过程量身定制沟通方式，特别是如何沟通那些变革的重要原因；
- 为企业文化整合的过程量身定制方法和内容；
- 为高管和管理者的自身发展提供个人化反馈；

这里我们用了"验证"关键驱动力的说法，因为这些关键驱动力应该是通过客观评定得到，而不是仅仅通过假设得到。在这个过程中，我们也需要激励所有的参与者。通过验证关键目标和核心价值观，我们使得所有的参与者在整合过程中能够同心协力。

**流程和工具**

宏伟目标为核心价值观提供了存在的背景，因此领导团队一定要验证宏伟目标及其存在的根本原因或关键目标。关键目标应该像北极星一样，是组织一直追求但无法企及的，因此它需要由尽可能多的参与者共同提出，而不是由高层强加给他们。目标和价值观要源于所有参与者，要指导和鼓舞组织内所有工作，并为这些工作赋予意义，因此，我们要让所有的员工参与确认目标和价值观。一旦关键目标的陈述被高层管理者表达出来，它需要得到基层参与者的认可。它应该是通俗易懂的，并且可以通过建设性的批评日臻丰富和完善。

例如，在Geodis Wilson公司200人的高层会议上提出了以下内容：

Geodis Wilson被它的客户、供应商和员工认为是最好的货运管理服务提供商。

你的回应：它好在哪里？

你的回应：为了提高宏伟目标，应该改变什么？

Geodis Wilson致力于为客户提供最前沿的货运管理整合解决方案；提供最优的信息、创新和咨询。

你的回应：它好在哪里？

你的回应：为了提高关键目标，应该改变什么？

这将带来一场人们高度参与的、富有活力的会议，人们将全身心地投入到讨论过程中去。

**比较组织价值观剖面图和个人价值观剖面图**

正如之前提到的，组织价值观剖面图给我们提供了组织现有的和理想的价值观概览，并描绘了不同组织间价值观取向的主要差异。而个人价值观剖面图给我们提供了组织领导者的个人主导价值观概览。两者之间的分歧正是文化惰性的潜在来源。在现代的工作场所中，协调组织利益和员工利益是至关重要的。

我们必须要分析这些分歧，找到那些关键驱动力来缩小现有的价值观与理想的价值观之间、组织价值观与个人价值观之间的差距。文化惰性需要在每个层级上（领导个人价值观和组织价值观）和各个层级间（领导价值观和中层管理者价值观）得到协调。

在调查分析之后，领导者必须为整合过程确定关键驱动力。这种关键驱动力可能存在于人力资源、市场营销甚至财务等职能领域，以及这些领域相互连接的方式。

**对关键人物的培训**

随着组织变革的推进，将组织中的关键人物相互连接是非常重要的。除了在网上或者研讨会中一般性的交流和参与外，一些杰出的关键人物将从基于个人的咨询辅导和培训中受益。这不仅有助于他们保持积极性，实现目标，还会促使他们齐心协力地推动整个变革过程。我们现在使用的方法是基于Marshall Goldsmith和Pieter ter Kuile的观点。这种方法简单有力，它只是要求人们思考自己的行为：哪些应该停止，哪些应该开始，哪些应该继续？①

## 第七步：通过目标和关键绩效指标制订实施计划

这个阶段，CEO和高层领导团队已经有足够的信息开发出一套详细的实施方案。对于整合方案，他们有令人信服的商业理由；对于执行者和雇员，他们已经量身定制了沟通方式和关键驱动力；对于愿景、使命、目标，他们已经有了清晰的共同方向；他们明确了自己追求的共享核心价值观和行为；他们清楚地知道双方现在的位置。

这时，一个至关重要的工作是为整合过程在绩效、文化和领导力提升方面设定目标，并且找出测量指标。然而，我们在这本书中所描述的整个过程的逻辑已经超越了"平衡计分卡"（balanced scorecards）的概念，因为，"平衡"意味着此消彼长。当我们试图获得组织间的协同效应时，"平衡"的逻辑并不是富有成效的。协调的收益在于整合差异、综合观点。所以我们基于"整合计分卡"的绩效指标开发了

---

① Goldsmith, M."What got you here won't get you there", in *Stop en nu Verder*, 2009.

"关键协调指标"（KRIs），而不是简单的关键绩效指标。根据关键协调指标监控变革，通过最后形成复合型文化以及思维模式的变革来获得整合过程的收益。

关键协调指标包括三种类型："因果"指标，与绩效直接相关的"产出"指标，以及与最终结果相关的"结果"指标。

**"因果"指标**

这类指标旨在改善价值观和行为。成功的"因果"指标应该体现在新公司具有一个平衡的组织价值观剖面图中，剖面图的12个部分中所有的关键两难问题都得以协调，从而带来了高绩效。同样的，领导者个人层面的指标也要得到提高。

通常，我们使用组织价值观剖面图和个人价值观剖面图来监控行为和价值观改善的进程，并且每半年一次地审核文化惰性的减少状况。同时，从价值观转换为行为的图表的成果（在第五步中探讨过的）也被用来衡量一个完整团队及其成员是否在关系价值观和行为的"因果"指标上取得进步。

在个体层面上，评估过程是否巩固了期望的价值观和行为至关重要。它不像在传统的项目管理中只检查之前商定内容的完成情况，因为这样的话将会缺少行为要素。

在这个过程中，上级还应该考察个人是否按照公司宣扬的价值观和行为准则行事。更加全面的方法是与团队反馈相结合来考察个人是如何实现从价值观到行为的转化过程的。

在"Beauty"案例中，我们看到通过引入整合计分卡，PIOL在整合过程中得到了激励。当我们要整合价值观时，整合计分卡还可以用来做什么？我们可以从一次全体组织人员（大约50人）都参加的研讨会开始。

首先，回忆一下他们的价值观：

- 努力实现由富有创造力的个体组成的团队合作；
- 努力进行本地化学习，并且将这种学习进行全球化推广；
- 持续开发满足客户需求的前沿产品和服务；
- 努力提升股东价值以进一步培养员工。

要想评估这些价值观是否得以实现，单维的线性量表是做不到的。下面的几个辩论性的问题恰当地对应了上文提到的价值观，可用来说明哪些要素需要评估。

问题1：什么样的支持性价值观能够帮助协调团队与创新型人才？

问题2：什么样的关键协调指标能够清晰地表达我们在某方面的进步？

问题3：什么样的关键行为能够准确地反映这些价值观？

让我们来看第二个问题。

首先，什么是关键协调指标？它是一种行为的输出，能够反映出你是否实践了价值观。同时它又要尽量明确；如果有可能，它应该是可量化的或者至少可比较的。例如，第一个价值观的关键协调指标建立在销售额的基础上：

- 相对于团队中的其他顾问，你为团队的总销售额贡献了多少的百分比？下一年它将会达到多少？

下面是一个关于信息分享的指标：你为其他顾问召开或进行了多少次内部研讨会或联合演示，从而使他们能利用你新开发的资源？

对于本土化—全球化导向，关键协调指标如下：

- 你能够给出多少具体的例子来说明最好的咨询实践可以在全球网络中交流和使用？
- 什么样的全球实践可以应用到本地市场？应该如何使用？

对于推力—拉力的两难问题，关键协调指标如下：

- 你能报告出哪些与你的客户共同开发服务的案例？
- 客户有多少次要求你给出直接的反馈，并相应地改变服务？

对于股东利益与培养人才，可以采取以下指标：

- 哪些具体明确的案例可说明学习过程能够带来营业额乃至利润率的实际增长？
- 什么样的咨询和培训过程能被用来培养新顾问？

这种方法的好处在于可整合PI公司与OL公司咨询顾问的优势从而获得共同的成功。经过这次研讨会，这个程序被安装在我们的网络服务器上，咨询顾问和他们的上级可以获取在线服务。程序的截图如图2.16和2.17所示。

在图2.16中，我们看到咨询顾问可以在两难问题网格中定义他们的位置，以表示自己之前（左下）和现在（右上）所处的位置。

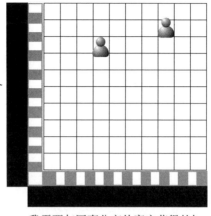

**我需要开发自己的客户库和专业技能**

请点击合适的方格来表明在这个两难问题上,6个月之前和现在你所处的位置。

⊙点击方格记录之前的位置
○点击方格记录现在的位置

我需要与同事分享从客户获得的知识和经验,并且互相学习。

图2.16 PIOL研讨会1

图2.17展示了关键测量方法(关键协调指标)如何保存在网上的数据库中,以便在之后的阶段进行检索,进而检验是否取得进步。这种网络支持的程序提供了不断更新关键协调指标的机会,并且指明了组织领导者如何能够帮助员工取得进步。

| 问题1:在这个表格中,"关键协调指标"一栏下面的内容指的是,6个月前你为自己设立的三种关键测量方法,以衡量你打算在协调两难问题中所取得的进步。然后描述在最近6个月以来你在每个方面实际取得的进步(或者限制你的进步/发展的困难/问题)。 ||
|---|---|
| 关键协调指标(之前你深信不疑的) | 进步(或者问题)的证据 |
| 关键协调指标1 | |
| 关键协调指标2 | |
| 关键协调指标3 | |

图2.17 PIOL研讨会2

**"产出"指标**

我们把产出目标定义为能够测量生产力、效率、创新、雇员和客户满意度等领域绩效提高的指标。在组织中,我们需要持续地监控这些测量方法。

适应者vs.创新者:通向整合的道路

一个大型的美国制药公司收购了一个规模较小的丹麦药品销售公司,收购的主要原因是这家丹麦公司拥有高度创新的文化。收购后,美方坚持要在培养员工的职业态度上完全介入。这家美国公司曾经用过经典的Kirton的创新者-适应者量表(innovator-adaptor style inventory)因此,公司要求我们在此成功经验的基础上,考察在丹麦和美国的专业人员是否明显地体现了Kirton问卷中的维度。

Kirton的创新者-适应者量表[1]用于测量个人定义问题和解决问题的风格。在这里,风格指的是个体处理问题采用的是适应、构建、模仿的问题解决方式,还是创新和开拓式的问题解决方式。Jack Hipple对这两类人及双方在对方眼中的样子进行了概括,见表2.13。[2]

Kirton认为有些专家能够发起变革以改善现有的系统,但是不能够辨别系统框架之外的机会。[3]Kirton将这种方式称为"适

---

[1] Kirton, M.J. (ed.) *Adaptors and Innovators: styles of creativity and problem solving*, NY: Routledge, 1994.
[2] Hipple, J., et al. "Can corporate innovation champions survive?" *Chemical Innovation Magazine*, November 2001,vol.31,no.;11, pp.14–22.
[3] Kirton, M.J. *Management Initiative*, London: Acton Society Trust, 1961.

应性的"。另外一些管理者擅长提出能带来更加彻底的变革的想法，但是很难让其他人接受这种激进的想法。Kirton将这种方式称为"创新性的"。基于此，Kirton提出关于创新者-适应者这一人格特质的假设，这两类人会采取不同的变革方式。[①]

表2.13 适应者与创新者的特点

| 适应者 | 创新者 |
|---|---|
| 1. 高效的、全面的、适应性的、系统的、有条理的、准确的、可信赖的、可依靠的 | 1. 机灵的、有独创性的、独立的、非常规的 |
| 2. 接受问题的定义 | 2. 挑战问题的定义 |
| 3. 做到更好 | 3. 做到不同 |
| 4. 关心解决问题胜过发现问题 | 4. 关心发现问题，同样关心解决问题 |
| 5. 以可靠的、易于理解的途径，寻找解决问题的方法 | 5. 通过质疑现有假设来解决问题 |
| 6. 通过提高效率来减少问题，目标是稳定性和连续性 | 6. 挑战双方达成的共识，是组织不稳定的催化剂 |
| 7. 看起来不厌其烦，能够在长期细致的工作中保持较高的准确性 | 7. 只能够短暂地胜任日常工作（系统维护），很快就会把日常工作授权给下级 |
| 8. 在已有结构中是权威 | 8. 在非结构化的环境中试图掌控 |

Kirton假设的主要缺点或许在于它的简洁明了。创新者-适应者量表的一个主要假设是认知风格与认知能力、成功、

---

[①] Kirton, M.J. "Adaptors and Innovators: a description of a measure," *Journal of Applied Psychology* 61, 1976, pp.622–629.

认知技术及应对行为在概念上是相互独立的。对于这一点，我们是赞同的，但是Kirton其实暗示了另一个更加含蓄的假设，即创新者与适应者是相互排斥的。创新者-适应者量表的得分证明了这个假设：在适应者方面获得高分则会在创新者方面获得低分，得分总是平衡的。[①]这与迈尔斯-布里格斯类型指标（meyers briggs type indicator, MBTI）非常相近，它主要关注的是人们的偏好。

我们要求来自不同文化背景的250位管理者（大部分来自美国和丹麦）完成我们的整合类型指标（integrated type indicator, ITI）问卷，它是对于经典的MBTI二维坐标的延伸。例如，我们同时测量受访者在思考型和感觉型上的分数，而不是测量他们是思考型的还是感觉型的。同样我们把这个逻辑进一步推广，拓展了经典的Kirton的创新者-适应者量表。

我们发现创新型人才在直觉和思维的转换上更加高效，他们将内在的深入思考外显化，并通过在判断和知觉之间不断转换来进行持续学习，最后再运用思考来检验自己的感受。我们还发现文化经常决定受访者从轴的哪一端开始。我们不是说一种文化比另一种文化更具有创造力；只是他们看待问题的切入点角度不尽相同。

不能协调两种对立的逻辑是缺乏创造力的表现。Kirton的创新者-适应者量表是李克特量表式的，而我们的"整合创新

---

① Kirton, M.J. (ed.) *Adaptors and Innovators: styles of creativity and problem solving*, NY: Routledge, 1994.

指标"(integrated innovation indicator)问题的呈现方式如下:

问题1:下面的4个选项中,哪一个能够最好地描述你的常规行为?

A. 我是高效的、全面的、适应性的、有条理的、系统的、准确的、可信赖的、可依靠的。(5分创造,0分适应,0分创新)

B. 我是机灵的、有独创性的、独立的、非常规的和不可预测的。(0分创造,5分适应,0分创新)

C. 我不断用系统的、有条理的方法检验我的独创性思想是否在实践中起作用。(5分创造,0分适应,8分创新)

D. 为了实践我的奇思妙想,首先我要成为一个系统的、有条理的人。(0分创造,5分适应,8分创新)

如图2.18所示,这些也可以用图表的形式展示出来。

正如我们所期望的那样,我们发现美国专家在选项B(78%)和选项D(11%)上得分较高,而丹麦专家在选项A和选项C上得分较高。然后,我们开发一个项目以培养A型专家风格(54%)和C型专家风格(28%),这两项都能促进创新力的提升。

我们设计了一个培训计划来激励整个公司的专家们通过选项C或选项D的思维模式来协调他们的两难问题(大部分是研发方面的)。每隔6个月,专家们必须完成整合创新量表(包含4个选项),同时其结果要经过同事360度评价来验证。这个产出指标也会被作为衡量进步的主要工具。

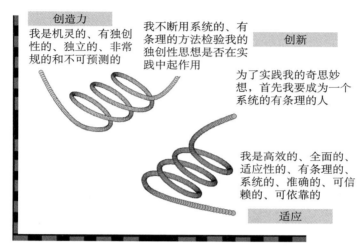

图2.18 整合性创新指标示意图

这个案例解释了如何用正确的方式来干预整合的过程——这里我们用的是组织的创新思维模式。从这一点出发我们提出了一种构建创新文化的方法：丹麦公司的文化是孵化器型的，美国公司的文化是导弹型的，我们运用了处于两者之间的家庭型文化来整合这两种文化，构建了创新性文化。在第一阶段美国和丹麦的经营都经历了以下的两难问题。

- 参与型领导 vs. 尊重权威；
- 团队精神 vs. 个人创造力；
- 团队效率 vs. 团队文化知识的创造；
- 主仆关系 vs. 仆人式领导；
- 我们如何将去中心化的经验整合起来？
- 社会学习 vs. 技术学习。

使用已经设计好的目标及在线的"结果"指标，我们可以监控这些两难问题协调的过程。

**"结果"指标**

我们把"结果"指标定义为与新创组织的绩效提高息息相关的指标，如市场占有率和利润率等。一种监督这些结果的明确方法就是将商业挑战描绘成两难问题，并提出具体的关键协调指标以完成协调过程。这种持续的协调过程及对进度的监控可以在线进行。通过我们的两难问题在线社区（DCOL），每个参与者都可以分享协调过程，以及为其他团队和商业单元面临的两难问题提出建议和批评。使用层级密码系统可以控制获取两难问题的等级，将不同权限的人限定在工作团队、部门、职能领域或组织层面，如图2.19–2.21所示。

我们还提供在线网上论坛和实时信息（"聊天板"），使不同的团队有互动，协助彼此的协调过程，并能够从我们这里获得辅导。如图2.22所示。

在丹麦–美国的制药公司并购案例中，更多的是关注以下三个两难问题（来自六个两难问题）的协调过程：（1）团队精神 vs. 个体创造力；（2）参与型领导 vs. 尊重权威；（3）主仆关系 vs. 仆人式领导。

我们可以根据竞合（co-opetition）的概念来解释关于团队和个体的第一个两难问题：团队中的每位成员都是不同的，这些成员的价值观和天资都不尽相同，然而，这个团队必须有共同的目标和解决问题的方法。我们再次面临两种对立的情形：独裁式领导合作。

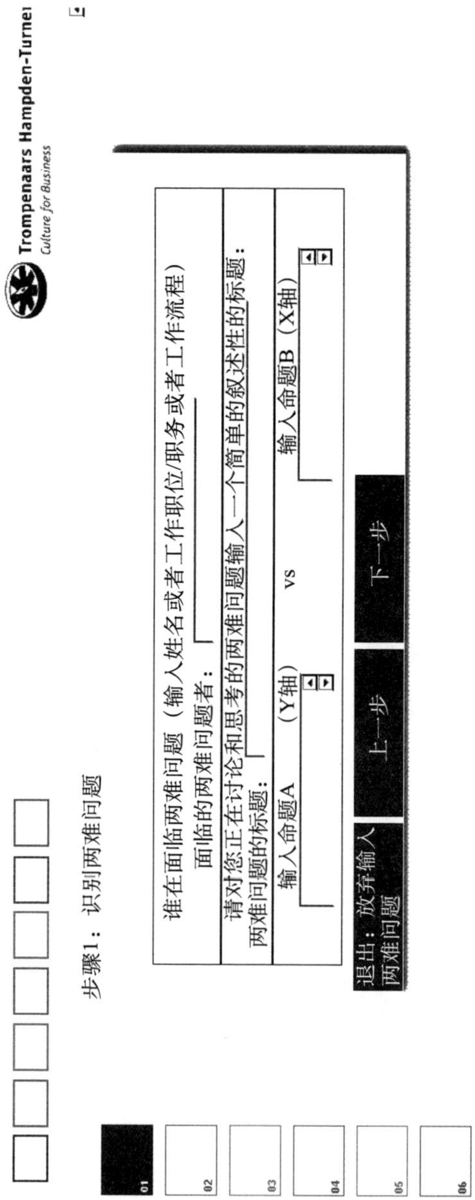
Trompenaars Hampden-Turner
Culture for Business
步骤1：识别两难问题
谁在面临两难问题（输入姓名或者工作职位/职务或者工作流程）
面临的两难问题者：
请对您正在讨论和思考的两难问题输入一个简单的叙述性的标题：
两难问题的标题：
输入命题A
（Y轴）
vs
输入命题B（X轴）
退出：放弃输入两难问题
上一步
下一步
01
02
03
04
05
06

图2.19　两难问题在线社区1

第二部分 介绍：三阶段十步骤框架

127

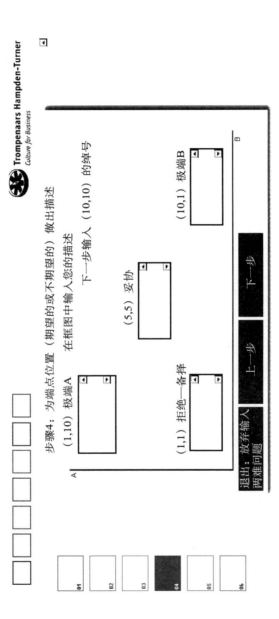

图2.20 两难问题在线社区2

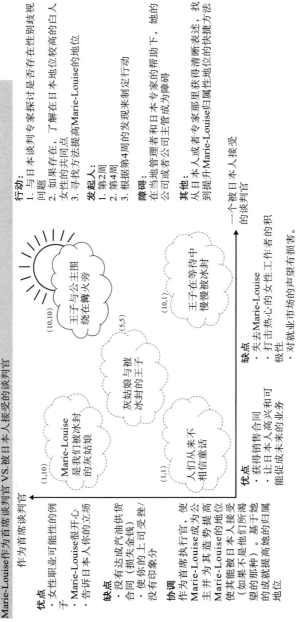

图2.21 两难问题在线社区3

第二部分 介绍：三阶段十步骤框架

129

会议的主办人是Ginger 讨论的主题是：反映多样化的新网页

▶彼得加入了聊天室
彼得：您好，Ginger

吃完自己盘子里的食物是有礼貌的（在西方）

在盘子里剩点东西意味着在主人这里你已经得到满足，是一种有礼貌的表现（在中国）

文化差异的程度

Ginger：谁愿意评论和解释这个两难问题？

输入你的问题或者消息，然后点击发送： 发送

图2.22 两难问题在线社区4

称职的领导者能够把创新型人才组建成一个高效的团队。反过来，当创新型人才为团队努力奋斗时，团队为他们提供支持同样是义不容辞的责任。

在新制药公司中（图2.23），我们不难找到足够多的产生新创意的人才——特别是在丹麦的公司中。真正的挑战是"商业系统"或者是社区化，即把新的创意转变成为真实的、切实可行的产品和服务，而对于美国系统而言他们经常阻碍这种从创意到成果的转变。

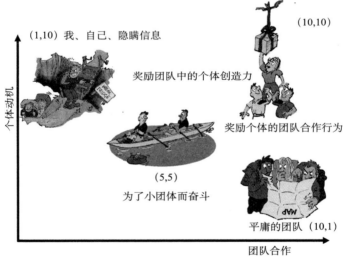

图2.23 新制药公司

于是，新制药公司的管理团队做了一个至关重要的决策。当个体产生某种想法的时候，不能仅仅传达给下属去实施，因为下属们通常不会畅所欲言地批评这些想法。咨询顾问需要使质疑和批判合法化。必要时，提出新创意的人要与评论家、执行者及原型建造者一起来修正和完善这个创意。

高层领导者已经意识到给予创意（而不是创意的执行者）较高的地位是没有实际效果的。因为这样的做法会破坏这个创意，让创意的支持者感到失望。提出创意和实现创意同等重要，两者必须得到协调。创意要经得起成功和失败的考验。这使得产生一种兼容并包的、新奇的、可解决所有质疑的高质量的解决方案成为可能。

对于那些形形色色、相互竞争的个体而言，他们的问题在于每个人可能都会像歌剧中的女主角一样，按照自己的旋律歌唱，歌颂自己的荣耀。而团结和团队精神的主要问题在于：多样性和新奇的想法无法被接受。"协调"这个概念使得目标如此振奋人心，创造新的共享现实的过程如此激昂和愉快，它使得不同的人克服了他们之间的差异，实现了多样性的统一，从而创造出更有价值的解决方案。

为激励这种竞合的过程，我们设计了一种奖励系统，即浮动薪酬的50%取决于个人在多大程度上扮演好团队成员的角色，余下的50%取决于团队在多大程度上激发了个体的创造力。图2.23经常用来提醒人们协调在组织中的重要性。

## 阶段C：实现和巩固利益

在完成前面所有的活动之后，我们进入了第三个也是最后一个阶段。通过巩固和完成之前的活动从而培育系统性一致以及价值观意识。这个阶段分为三步：

第八步，系统性一致

第九步，价值观与文化意识项目

第十步，持续不断地反复评估：监控产生复合型文化的变革过程

### 第八步：系统性一致

这一过程主要是为了使团队成员保持一致。这一步骤中领导团队已经有足够的信息制定一份详细的实施项目。他们拥有充分的理由进行整合，他们已经制定了使所有人的关键驱动力一致的交流方式，他们对于集体的方向、愿景和使命已经有了清晰的认识；他们了解核心价值观、原则和关键目标，他们拥有一套行为标准来指导日常的决策和活动。

现阶段的挑战是帮助首席执行官和高层领导团队将愿景、使命、价值观和行为标准根植到组织及其文化中去。

整合过程需要从以下三个主要方面让执行人群的个体和集体行为模式发生改变：（1）个体一致性；（2）团队一致性和凝聚力（价值观一致和使命一致）；（3）结构一致性。

培育个体一致性和团队凝聚力的目的是要给整合过程一

个好的开始，为了实现这一目的我们可以关注高层领导团队及向高层领导团队汇报的人员（大约前100名），检查他们的使命和愿景价值观是否一致。他们将会成为新型复合型文化的守护者。

**个体一致性**

我们已经通过"价值观转化为行为"的训练使领导团队"言行一致"，现在我们能够使更大范围的执行人群的个人价值观与新组织的核心价值观相互一致。现阶段工作的重点转移到个人项目，使执行人群的个人价值观与新定义的共享核心价值观相一致。

个体一致性项目（通常是一次为期两天的研讨会）通常是在整个团队中进行的，但是它的重点是针对个体发展的。这个过程中会用到各种各样的工具。

在使用个人价值观剖面图的同时，我们也配合使用跨文化能力剖面图。跨文化能力剖面图能够使组织评估员工现阶段的跨文化意识和能力，用这些来预测员工未来在跨文化或者国际化以及并购的商业环境中的有效性。同时，它还可以表明在哪些地方培训是有效的。跨文化能力剖面图形成了一个完整的文化行为图谱，从跨文化意识到并购环境下有效行为所带来的商业利益。最近，我们正使用跨文化能力剖面图来提高领导者在收购和兼并的环境下利用多样性的技能。

跨文化能力剖面图融合了我们基于大量研究的早期框架与原本来自不同独立领域的知识。通过其在众多博士生论文和全球众多客户中的广泛应用，跨文化剖面图的每一部分都经受了严格的研究和验证。最近,我们用一个包含了MBA学生、我们客户企业的高层管理者及领导者的样本,确认了这套整合工具的信度。这套工具使用大约100道问题,从不同方面来反映整体情况。不同量表之间的分数并不是简单地相加和取平均值。许多情况下,采用RMS正交①的方式来计算不同题目之间的交互作用。我们早期开发过的跨文化工具采用二元量表的方式评定个人在七个相互排斥的维度上的得分,当我们意识到这种方法的局限性以后,我们就开发了现在的跨文化能力剖面图。

图2.24定义了跨文化能力的各个方面。

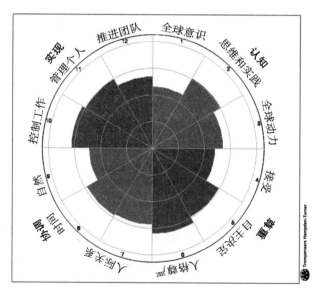

图2.24 跨文化能力剖面图

---

① 例如,一个影响力部分的得分可能是(问题A的得分×问题B的得分)的平方根。

> **跨文化能力剖面图工具**
>
> 　　跨文化的舞台上每天都上演着判断、决策、行动，这些事情本身虽小，但是它们的总效应不仅会深刻影响我们自己的生活，还会影响他人甚至可能会影响未来社会。
>
> 　　跨文化能力剖面图试图描述和测量一些可能构成跨文化胜任特征的要素，如思维模式、敏感度、智力技能和解释能力。
>
> 　　我们认为跨文化胜任特征包括四个方面：（1）认知，认知文化差异的能力；（2）尊重，尊重文化差异的程度；（3）协调，协调文化差异的能力；（4）实现，践行协调文化差异活动的能力。

### 认知

　　认知文化差异的能力与个人理解自己所处的社会和世界环境的能力有关。这方面的技能有助于个人做出有效的判断。它包括对国家、文化以及文明的研究，包括我们自己所处的社会环境及他人所处的社会环境，重点在于理解它们是怎样相互联系的、又是如何变化的，以及在这个过程中个体所承担的责任。它定义了我们称之为全球意识的关键因素——如果我们要应对联系日益紧密的世界所带来的挑战，我们需要具体了解和熟悉的事情。

从操作层面上讲，我们假设认知包括了部分思维方式和技能等，但是在这里我们所构想的认知能力不是量子，不是有或无的某种东西。认知能力包括很多部分，某个人可能会在某些部分上更加丰富，而在其他部分上相对匮乏。跨文化意识中至关重要的部分是由Eileen Sheridan基于德尔菲法的研究所提出的自我意识。

根据Robert G. Hanvey（2004）的描述，我们把认知能力划分为三个部分：世界意识、跨文化意识和全球动力。

*世界意识*

世界意识包括以下两个方面：视角意识和"全球状态"意识。

- **视角意识**是个体的认知和意识的一部分。有人认为人们看待世界的方式并不是完全一致的，我们关于世界的观点通常是由一些意识不到的事情影响的，而且还会不断地被塑造。其他人对世界的认知可能与我们的认知大不相同。视角意识是自我意识中很关键的元素，它认为探索自我的道路是通过与他人进行对比。

- **"全球状态"**（state of the planet）意识是指对当前世界的环境和发展的普遍认识，包括新形成的环境和趋势，例如，人口增长、迁移、经济形势、资源和物质环境、政治发展、科技、法律、卫生、国内和国际冲突等。

*跨文化意识*

跨文化意识是指对全球人类社会的想法和做法多样性的意

识,以及怎样对比这些想法和做法的意识,它还包括认知其他社会是如何看待自身社会的想法和做法的。此外,跨文化自我意识是努力对比自身与他人之间差异的结果。

*全球动力*

另一部分跨文化能力的基本意识是:世界本质是人们相互交往的产物。根据Hanvey的观点,它主要包括全球动力知识和人类选择意识:

· **全球动力知识**——对世界系统的关键特质和运营机制的适当理解,着重指那些可能会提高全球变化智能意识的理论和概念。

· **人类选择意识**——意识到由于不同的个体、国家、种族的不同选择而产生的问题,将这些问题看作由全球系统扩张带来的意识和知识。

我们开发出来的用于测量跨文化能力剖面图中认知部分的问卷综合了很多既有的研究成果。例如Van der Zee与Brinkmann(2002)和Lynn Rew等人(2003)的观点,特别是Robrt G. Hanvey的著作《一种可达到的全球观》(*An Attainable Global Perspective*)。

**尊重**

一个人会在多大程度上尊重这些文化差异?尊重是我们对拥有不同价值观的人的态度、认知、行为导向的基础。在我们的专业实践中,很大一部分的工作是帮助人们认识这种文化上的差异性。在这种意识和认知层面上的墨守成规是非常危险的。尊重对于我们处理文化差异的能力是至关重要的。

韦氏词典采用如下方式定义作为名词的"尊重":"特别的关注、高度或特别尊敬、敬重的表现"。而作为动词,"尊重"是指认为他人值得尊敬,避免打扰或干涉他人,对他人表现出关心和顺从。我们可以对尊重进行一个综合的定义,以反映出这些特性:

尊重是基本的道德准则和人类权利,它是人格尊严、个人价值、个人独特性及自主的基础。作为与他人交往的指导性准则,尊重主要表现在无条件接纳、认知和承认所有人内在的价值观。

尊重是我们的态度、认知和行为导向的基础。我们使用Kelly在1987年对"尊重"三个层级的界定,这对于我们把尊重作为一种态度来测量提供了帮助。这三个层级如下:

1. **对人格尊严的尊重和对不同文化中个人独特性的尊重**。这就意味着平等地对待他人,无论他们是谁(尊严和固有的价值)。它意味着个人包容他人不同的工作习惯,以及审视自己文化的价值观和准则。自我评估在这一环节起了很大的作用,"别人是怎样看待我的?"或者"别人是如何看待我习以为常的行为的?"

2. **尊重自主权**。第二层级的尊重是指人们在为一个活动制定互动方式和提出建议时应考虑他人的观点。这种能力意味着尊重他人不同的目标;意味着人们与持有不同观点和价值观的人和谐相处。如果我们想要避免根据第一印象做出判断,就需要尽可能地与他人协商,明确对方的意思。

**3. 接受其他文化的价值观**。在尊重的第三层级,我们要测量的是当你有选择时,你是否愿意与来自不同文化的人共事。拥有卓越跨文化能力的人倾向于享受多样化、差异化并能够包容新的观点。在这个层级上,人们寻找对于事物的新看法和见解,积极地欢迎拥有不同文化背景的参与者。

**协调**

当某人认知到文化的差异,并且通过把有冲突的价值观转变为互补的价值观①的方式协调了文化之间的差异,我们认为这个人具备了一种近乎创造力的能力:能够协调表面上有冲突的价值观。

作为一名称职的协调者,你不仅要鼓舞人心还需要认真聆听。你必须要自主决策还需要进行授权,你需要在本土化职责的基础上集中管理。作为一名称职的专家,你需要掌控自己的资源,同时充满激情地致力于整个组织使命的实现。你需要运用自己的分析技能把这些作用延伸到更大的背景之下。

通过以下的一系列的问题,我们可以准确地识别协调的类型,同时评估个体的能力。虽然问题采用线性方式,但通过融合这些问题我们依然可以看到,当人们在两端都得高分的时候意味着协调能力很高。计算出协调能力的得分后,依据在线性量表上得分的高低,我们也可以了解参与者在七个

---

① Hampden-Turner, C. & Trompenaars, F.Building Cross-cultural Competence, John Wiley & Sons, 2000.

维度上的偏好。

### 标准化和适应性

我们需要在全球推广我们的方法还是专注于本土化？大批量生产和定制化生产哪个对组织更有利？称职的员工在跨国组织中寻找解决方法，在那里最好的本地实践在全球被持续地推广。"大批量定制"是协调标准化生产与特殊化适应的关键。

### 个体创造力和团队精神

解决这类两难问题需要一种能够整合团队精神、个体创造力和竞争心态的能力。拥有这种能力的人知道如何借助创新型人才创建出一个杰出的团队。团队会因为支持杰出的创新型人才而得到奖励，反之，个体会为更好的团队绩效贡献力量。这被称为竞合。

### 激情与控制

激情与控制是两种典型的人格特征。在实际工作中，是情感丰富、充满激情的人表现更出色，还是能够控制情绪的人表现更出色？充满激情的人如果没有理性则是神经质；而性情平和的人如果没有情绪则是机器人。有作为的人经常会用理性来审视他们的激情，而如果我们观察性情平和的人，我们会发现他们在说明他们控制的原因时会经常表露出激情。

### 分析与综合

是能够把大图景分解为小版块、拥有分析能力并总是选择股东利益的人更有能力？还是能够把具体事件放在整体中考虑的,并优先考虑"相关者利益"这个广义陈述的人更能胜任工作?在Shell和Van Lennep的"直升机视野"中提到了作为一名现代领导者的重要特质——能够高瞻远瞩、宏观把握全局,同时能够聚焦在事件的具体方面。这是一名优秀的协调者应该具备的又一个非常重要的特质,也就是知道什么时候在什么地方要深入进去。只凭分析无法推进协调的进程,而过度的综合会导致连篇累牍的总结,缺乏行动上的支持。

"做什么"和"是什么"

"完成任务"是管理者应该具备的重要特质。然而,在我们的私人生活中难道不应该保持"做什么"和"是什么"的平衡吗?作为一名协调者你必须做好你自己。在我们的调查研究中,成功的协调者按照他们真实的方式行事。他们看起来与他们所承担的职责相一致。压力产生的一个重要原因就是无法整合"做什么"和"是什么"。当某个行动与个人的真实个性不符时,过度的强迫执行会导致无效行为。

协调时间观念:串行与并行

显然,称职的协调者既可以制订一份严格按顺序进行的计划,也可以平行地将几件事同时推进。我们将这种整合称为"同步过程以提高串行速度"或"实时管理"——也可以视为有效地整合长期和短期计划。

协调内在和外在世界:推与拉

对于今天的协调者而言,最后一种能力就是能够把市场动态与公司已有的技术联系起来,反之亦然。这不是指技术推动力和市场拉动力。称职的协调者认识到：只专注于技术推动力会导致市场越做越小，最终没有客户；但是如果一味地专注于具体的细分市场，顾客的多样化需求将得不到满足。

**实现**

在我们已经认同、尊重和协调文化差异之后，我们的任务是开发一套流程使得之前的成果在组织中执行并且扎根。

这种能力在John Adair的"行动导向领导力模型"（action-centred leadership model）中得到了很好的描述。[1]称职的管理者和领导者应该掌握该模型中的全部三个主要领域，并能够根据具体情况加以应用，具体描述为：成功的管理者和领导者的标志就是能够在以下这些内容上都保持有效并可以在这些内容之间保持正确平衡，即获得成功、鼓舞士气、提高质量、发展团队和生产力。培养一名成功的领导者的关键在于确保你的公司意识到以下三个层次上的卓越——战略、运营和团队。Adair在书中写道："所谓组织需要的只是一位战略上的优秀掌舵人的说法纯粹是一种谬论。"

*完成任务*

管理者完成任务的能力是指一个人使用多种方式为团队明确目标与愿景。通过明确资源、人员、流程、系统和工具来帮助实施和建立责任、目标、职责和方法。这种能力表现为设立标准、质量、时间、报告参数，以及监控和保持实施

---

[1] Interview with John Adair：*Strategic Direction* 2007, Vol23 issue: 4 pp.30–32, Emerald Group Publishing Limited.

的整个流程。

管理团队

一名称职的管理者需要为团队建立业绩、行为及共同价值观的标准,并且通过讨论达成一致,最终传达给整个团队。他能够做到监控和保持纪律、道德规范、正直,并致力于实现目标,解决团队内的冲突、斗争及其他不和谐因素。称职的管理者寻求团队构成中的互补性,并且开发更加全面的能力。他们激发团队的积极性,明确和规定群体的目标,开发和确定团队以及项目领导者的角色。

管理个人

管理者需要理解团队中的每一名成员,他们分别拥有自己的个性、技能、优点、需求、目标和恐惧。管理者应认同和称赞每一名成员——承认他们的努力及其优质的工作,在设立目标时辨别、发展、利用每位成员的能力;保证个人自由和授予成员权利,并且鼓励个人的发展。

**跨文化能力剖面图的结果**

跨文化能力剖面图通常是在网上完成的,并且提供即时个人反馈。完成测试后,参与者可以采用PDF的格式下载或者保存自己的个人文档。在网页版的跨文化剖面图支持中心页面上,参与者可以获得大量的反馈、详尽的解释和理论背景的介绍。线上的课程也为参与者提供了深入的观点、教练建议以使他们进一步探求自己的个人剖面图,获得个人发展。

为了满足不同的客户/参与者的需求,我们开发了不同的版本。在360°的测评版本中，参与者的自评得分可结合同事的反馈一起评估，甚至还可以根据从客户、消费者或者供应商那里获得的额外信息来共同评估。"组织版本"是用于分析业务单元或者更广泛的组织"能力"，而不是个人的能力。"多样性版本"主要是为了分析多样性和地域差异，而不是国家文化的差异。

我们已收集的数据证明跨文化剖面图为测量个人和组织提供了一种客观的方法。最重要的是它揭示了关键的支持性需求：例如，客户需要跨文化意识训练和领导力开发吗？当然，前测与后测有效地测量了任何与提高组织绩效有关的干预的实际效果。

**个人价值观剖面图工具**

在使用个人价值观剖面图的同时配合使用组织价值观剖面图，可以反映出个人价值观与组织价值观之间的差异。这一阶段倾向于在DRP过程中帮助个人参与者协调价值观。针对个人的培训，通过定义个人发展的路径来协调个人与组织的价值观，从而帮助参与者拓宽他们的思维模式。培训课程还将会告知参与者如何进一步提高自己的能力，以协调组织之间、国家之间、职能之间的文化差异。

这类项目可以针对组织中三个最高层级的人员来设计。

团队一致性和凝聚力（价值观一致和使命一致）

团队一致性提供了整个团队关于它们的业务单元或者职能单元的当前价值观与理想价值观的一致性程度的反馈。我们把组织价值观剖面图的结果作为基本起点，两者之间的差距用来明确当前与理想之间的潜在两难问题，DRP活动则通过协调过程来弥补这些差距。这个流程会产生一系列的行动点，与组织的核心价值观的关联，以及一个将组织价值观转化到行为的练习。

### 结构性一致

结构性一致计划的目的是重新设置组织的系统和流程，使其与组织的愿景、使命、价值观、目标、行为相一致。

它重新定义了系统和流程，例如：

- 高管人员的选拔和取向；
- 高管人员绩效的评估和晋升标准；
- 考评体系；
- 领导力开发项目；
- 管理培训项目、价值观与文化意识项目。

## 第九步：价值观与文化意识项目

价值观和文化意识项目应延伸到整个组织，使得所有员工都意识到组织文化与国家文化之间的主要差别，并且学会如何在组织共同的愿景、价值观及目标下利用这些差异。这些项目可以由一天或者两天的研讨会来引入。开始，由至少两位高层领导者来解释进行整合的令人信服的原因，然后描述愿景、使命、价值观、行为及结构性一致计划，包括具体的目标和关键协调指标。情景模拟和案例教学阐明了价值观对商业方法的变革是何等重要。例如，如何与客户共事，与同事打交道以及管理变革。结果就是使员工更深层次地意识到价值观的差异与价值观的趋同对获得商业成功的重要性。

价值观与文化意识项目使用了"混合式学习"的方法，利用我们的网页版的在线文化指南（CCOL）等工具，以及跨文化评估剖面图来评估个体的价值观取向。新组织的高层领导者会对其得出的主要两难问题的结果或者行动点进行复核。

当国家之间的差异和理解这些差异对取得商业成功起着关键作用时，建立一个跨文化能力中心或者小组是非常值得推荐的。它可以通过相关的跨文化训练、咨询及辅导计划支持组织的战略；它可以帮助定义管理者和员工为掌控日益复杂的国际环境所应具备的跨文化能力；如果可行的话，它可以召开关于某个国家的具体的研讨会来提高应对这个国家的文化觉知和能力。

**保持积极性**

戏剧、故事及艺术工作坊对于开发价值观意识都非常有效。在强化价值观意识之后，我们可以制订具体的计划，使参与者解决高层领导者所定义的两难问题。这些计划可能会包括很多主题，例如，品牌形象、贪污、管理者的晋升标准、质量提升、多样性，等等。

最后，重要的是认识到：在有些情况下，先开展价值观与文化意识项目，经过适当调整后再去进行个人的和群体的一致性项目,将会更加有效。

使用一系列的整合计分卡来监控整个计划的进程,这样会帮助引导我们评估存在于个人、文化、核心价值观中的主要对立面。

## 第十步:持续不断地反复评估:监控产生复合型文化的变革过程

整合过程的进度和速度很大程度上要依赖于实际的情况。每次合并都需要特定的计划、干预和控制系统。一旦你准备充分并进入后续阶段,将会有多份清单可以用来从个人、公司及整体三个层级去监控实施的进程。这些清单可以被整合到不断地评估当中,例如,员工调查、员工敬业度调查等。

这些问题清单、在线的两难问题协调进度监督工具、组织价值观剖面图及测量人力资源系统中的关键协调指标的工具的组合使用,可以让我们时刻把握组织发展的脉搏,在出现问题或需要识别客户需求时,可以进行有针对性的干预。

# 第三部分

## 关系和两难困境

这一部分，我们主要关注信任、基本假设和建立在此基础上的人际关系。此外，我们还探讨了在整合过程中导致整合结果不满意的系统二元性或两难问题，带领读者更深入地了解两难问题和价值观差异产生的根源，以帮助读者更好地应用十步骤框架。

在大多数公司合并和收购中，并购双方各有自己的一套长期行为模式和对生活方式的基本假设，这样的两个群体聚在一起，双方原来的很多假设都会受到挑战。以前被认为是"理所当然"的事情不再理所当然，这就是文化震荡，人们开始质疑与客户、同事和管理者之间相互反馈的一致性。信任已被认为是商务活动和人际交往中最基本的价值观之一。从Francis Fu Kuyama的开创性著作《信任：社会美德和创造经济繁荣》（*Trust: The Social Value and the Creation of Prosperity*）到近期Stephen Covey和Rebecca Merrill的关于加速信任建设的著作《信任的速度：一种可以改变一切的力量》（*The Speed of Trust: The One thing that Changes Everything*）

许多书籍和研究都试图定义和描述信任。

大部分研究信任的书籍都关注对于一致性的需求，然而，在公司合并的过程中，一致性往往遭到破坏或者至少受到挑战，修复它们是一个长期且具有挑战性的过程。

## 信任

信任、诚实和光明磊落能创造大量的商业价值。信任关系的强度和灵活性能为企业创造财富并能获得持续发展，一致性能帮助"证明"这种关系值得信任。为了充分地测量一致性，我们需要把愿景、使命、目标和战略结合起来，如果不把它们联合在一起，或者不希望使交易产生积极的结果，那么就不会产生信任的承诺。我们想要的是相信，而不是幼稚地幻想两个出于善意和期冀的商人之间达成的协议。随着时间的推移及技术的革新，我们赖以建立信任关系的方式已经发生了改变。过去，我们可以甩下一句"君子一言，驷马难追"，口头订立合约，改天再来履行合约义务。尽管这一原则仍然存在，但这个时代已经过去了。尽管今天的商业文化还承认以伦敦证券交易所为代表的那个旧时代的情绪和情感，但是我们正处在更复杂和更多地使用通信技术交往的环境中。计算机已经使我们能够通过大量复杂的关系网络交易更多的产品和服务。

商业帝国建立在那些纷繁复杂的关系网的基础之上，在这些关系中失信的风险似乎是可以测量的。近期发生的银行业（如雷曼兄弟崩溃、麦道夫从银行抽资等）和之前在财会领域（安然、安达信、世通公司等）发生的滥用信任的事件实属罕见。这些事件表明我们是如此依赖互信，以至于一些金融机构实际上认为他们建立起来的这种复杂的关系网络创造了一种大而不倒的信任。从这些经历中我们也认识到：不管我们多么信任对方，都需要花很大的成本来实现一致性的利益和利润。

当然，识别建立和追求值得信任的职业关系和人际关系的潜在动机是非常重要的，因为我们不希望成为失信的受害者。某些动机（如追求短期利益）会产生失信文化。尽管从短期来看，失信文化对少数幸运儿可能是非常有利的，但是我们不能为了个人利益而损害机构和组织所应该服务的社会利益。正如我们接下来要解释的那样，建立信任需要协调出于个人利益和社会利益之间的动机。我们主要关注信任的三个层次，这三个层级有助于我们分析在商业世界里影响角色和动机的不同的关系（如图3.1所示）。[1]

**信任的三个层级**

1. 结构信任可以被定义为嵌入在组织结构中的信任。在此情境中，我们主要关注组织对业务的管理、全球化或本土化的计划、中心化与去中心化之间的挑战。从结构上来看，组织有足够的能力来对抗它所在行业的考验与磨难吗？这需

---

[1] Adapted from Saj-Nicole Joni, *The Third Opinion*, Portflio, 2004.

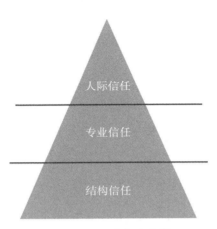

图3.1　信任金字塔

要回顾组织的历史（它已经成功多长时间了），如组织在处理特定需求时的稳定性和灵活性、规模与范围、满足特定客户需求的运营结构等问题时的表现。简言之，结构信任表示该组织与其战略在结构上的一致性。

2. 专业信任涉及组织满足客户需求所需的专业技能和员工（专家）。我们能否相信组织有足够的专业知识和技能来实现其战略目标？具体到个体层次上，我能否相信同事的专业技术能够创建一个支持我和保证我能为组织做贡献的环境？

3. 人际信任指员工深信大家都属于一个整体、存在不可分割的联系。人际信任是人们通过分享共同的兴趣、特质发展起来的，与专业技能无关。当我们试图寻找自身的某种独特的东西时，我们急切地想与那些看上去能认可并尊重这种独特性的人分享它。在人际信任中，我们分享共同性和独特性，并以此二者的互动为基础建立起信任关系。卓越的领导者懂得不能仅仅通过正式渠道加强商业关系。大多数领导者也通过非正式渠道向员工传达重要的信息。Jack Welch曾经说过，关于商业挑战性的问题，他每年至少要和他的直接下属讨论六次，其中两次都是非正式的讨论。我们可以通过参加野外烧烤、家庭聚餐或某天打高尔夫球时进行非正式讨论。正式互动和非正式互动的协调增进了人际信任。

我们不可能与所有的商业伙伴都建立这三种信任。在合并过程中，加强合并双方及公司内不同层次之间的信任和交流是非常重要的，增加并购双方特定群体之间互动的次数和强度提升了彼此之间的理解和对专业技能的尊重。

全面地评估在整合过程中起关键作用的人员是非常重要的。在评估的过程中，我们通常会慢慢地识别并认清双方对规范、价值观和业务关系规范的假设。识别出并尊重这些假设有利于建立信任。多年来，对于跨国合并，Trompenaars Hampden-Turner文化管理团队一直从跨文化的角度研究合并双方的基本假设和合并动机，并以此来描述跨国公司的文化及它们进行跨国合并时所面临的挑战。下面详细说明从人际关系方面系统地评估那些假定的重要性。

**基本假设和人际关系的两难问题**

受我们成长背景、家庭、教育、文化和与我们有联系的组织（工作和休息）的影响，每个人都有与他人建立信任的独特的方式。我们往往没有意识到与别人建立信任的方式，很少有人主动地思考我们是如何与别人建立信任的。有时我们对于信任有一些假设，甚至有时我们宣称自己知道信任应该是什么样子的。无论是在新建立的关系中还是在以前建立的关系中，建立信任的基础是选择信任他人。懂得这一点，非常重要。

识别信任产生的因素，找出最根本的因素而后逐步搭建信任，这一切不仅始于识别我们沟通的内容和方式，也止于此。我们沟通的内容一直都是价值观方面的，这些价值观是基于我们的核心理念、家人和朋友的反馈，以及我们向他人传达的信任。在言语和非言语沟通中我们感知到的方式影响着我们逐步建立信任的方式，如图3.1所示。随着我们在公司内的一步步晋升，理解我们在商业活动中沟通和传递的是哪些价值观会变得越来越重要。

价值观、信念、行为和行动都是以基本假设为基础构建起来的。最基本的假设是人类共有的生存需求（如图3.2所示）。

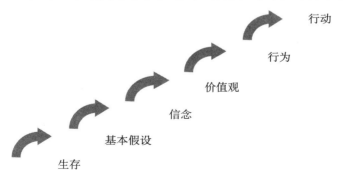

图3.2　累积的基本假设

经过二十多年对商业文化差异的研究，我们已经确定了关于人类基本假设的七个维度，其中包含了几种不同的价值观和表面上看起来相互矛盾的信任动机。人与人的关系、人与时间的关系、人与环境的关系的含义已经被其他学者详细地阐述，这里我们仅简要回顾一下。它为识别我们过去用以指导建立关系的价值观取向提供了有力的测量工具。我们和客户共同开发的方法使我们认清自己是如何将信任作为关系管理过程的输入和产出的，这对于在重建、重组、合并或收购时成功整合人员具有重要影响。

首先，我们来具体了解下人际关系的几个维度，找出建立信任的潜在基本假设和动机。

**建立信任时人际关系的七个维度**

图3.3表明，我们可以从很多维度来评价人际关系。根据我们在这些维度上的偏好，我们会以特定的方式与他人交往并获得信任。我们最初的偏好对建立何种关系有直接的影响。我们对团队成员做出评估，来指出团队的优点和缺点，也可以借此来对比并购中的多个企业之间的文化。

正如图3.3所示，这些维度的测量还是线性的。例如，得分更倾向于"一致性"还是"灵活性"依然是一种非此即彼的方式。这是因为在我们的研究中，我们发现所有的人类个体和团体都存在且需要同时具备这两种导向，才会成为完整的存在。我们想要测量的是在协调过程中，人们从这些维度的哪一端开始，更能够产生信任。所有的个体和文化都既

第三部分 关系和两难困境

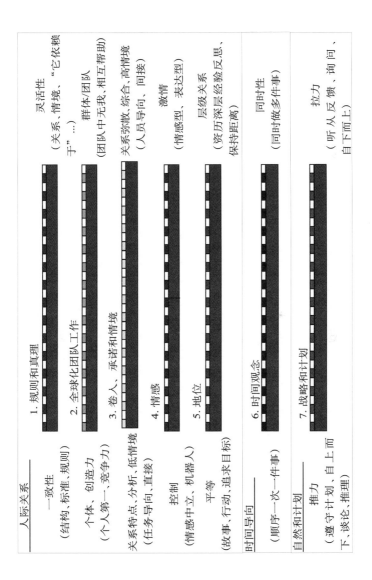

图3.3 建立信任时人际关系的七个维度

需要准则也需要例外。在一些文化里,人们首先建立一些准则,以避免例外情况发生;而在另外一些文化里,首先是出现了例外情况,然后人们根据这些例外情况建立准则。

**建立信任的过程和文化维度的整合**

我们早期对文化维度研究的价值在于:确定了所有维度的两个端点,以及将这些端点组合在一起阐明了一种创造价值的系统方法,这种方法是可持续的和有激励性的,因此能够产生信任。

为了克服线性的和僵化的评价方法,寻找一种更好的评价关系价值的方法,我们创建了如图3.4那样的双维度图,在该图中,我们可以在同一维度上看似对立的两端上同时出发,揭示建立信任的过程。

从图3.4中,我们可以明显地看出:为了弥合差异,每个维度表面看上去对立的两端不得不相互交织在一起,因为从本质上来说,对立的两端所表达的内涵都是积极的。我们把这种情况称为两难问题。

在领导者、团队和更大范围的文化里都存在这样的两难问题,但是需要用不同的方法来整合对立的两个方面。一位领导者,既需要制定准则,又需要容忍例外情况;既需要保持一贯性,又需要具有灵活性;既是团队中的一分子,也是一名优秀的个体;既理性克制又富有激情。所有的领导者能总揽大局,又能把握细节;既能服务于员工,又能领导团队;既能主动推出产品,又能听取客户的新需求。在同一种文化不同个体之

**一致性**
结构、标准、准则

**灵活性**
关系，情境，"它依赖于……"

图3.4　信任的双维度

间，人们对这些两难问题的认识具有一致性，因此能够协调。信任正是建立在这种一致性之中。这种一致性使人们产生了共同的期望，这是文化非常重要的一个方面，这种共同的期望被不断地强化，从而可以不断增进信任。

不同文化间的差异并不在于人们所面对的两难问题的类型不同，而是不同文化中的人们协调这些两难问题的顺序不同。我们意识到在不同的文化中我们对信任有不同的分类，建立信任关系时的切入点也不同，因此，我们需要找到一种方法来协调这些差异。我们可以将这些已知的两难问题汇集起来并做一个分类。把成功的合并视为对两难问题的协调，这对理解成功的整合的过程大有帮助。

## "十个经典两难问题"

在开展研究和咨询期间，我们收集了大约9 000个两难问题，其中大约1 500个与并购有关。这些两难问题可以归为十类。我们既采取归纳法，即对借由访谈和开放式问题收集的数据进行因子分析，也利用演绎法，即假设检验，证实了这十类两难问题的存在。正如本书第二部分中所述，我们把这十类两难问题称为"十个经典两难问题"。为了获得经营上的成功，实现组织的可持续发展，组织必须要协调这十类两难问题，然而，每一个被访谈的组织对这十类两难问题的重要性排序似乎都互不相同。

在不同的合并情境下，这十类两难问题的表现形式不一样。它们是由五名利益相关者之间相互冲突的需求和关系构成的，因此，只关注一名利益相关者的出色表现，或虽然关注五名利益相关者的表现但不关注他们之间的关系，都是不合理的。例如，通常我们被建议只关注股东价值，这样做的不利之处在于会损害员工的利益和组织对社会的贡献。近年来，银行、保险公司和药厂正面临着这方面的严重困境。

我们应该在追求某个方面（如社会贡献）的情况下，最大化另一方面（如股东价值），只有当我们从这一角度来衡量决策是否成功时，两难问题才能被协调。为了保持或获得可持续发展，所有的组织必须要同时在这五个方面努力做到优秀。仅仅关注两难问题一端的解决办法没有考虑到联合的优势、提高学习的潜力和信任的建立。组织及其领导者应该能够利用不易联合的元素（如两难问题）从中创造价值，整合必须同时满足客户的需求，以及使组织盈利（如图3.5所示）。

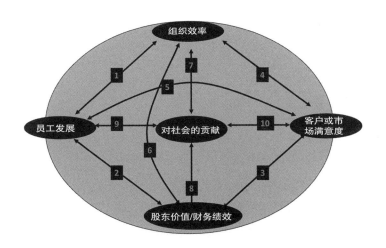

图3.5　可持续发展组织的两难问题

按照科学管理的原则组织的业务流程是最有效的，它能推动组织进步，但同时也必须要关注员工。例如，只有当我们意识到工厂中存在虐待员工的行为时，人际关系运动（员工开发）才算真正开始。我们需要用一种系统的方法来只关注业务流程效率的管理方式。只有在员工发展上有所投入时，流程管理才会有效率。一旦我们开始在员工身上投资，并努力改善工作环境，我们会发现工作效率也相应地提高了。[1]

---

[1] Elton Mayo, Hawthorne and the Western Electric Company, *The Social Problems of an Industrial Civilisation*, Routledge, 1949.

最终，更好地理解市场运行机制，以及把我们的价值链同客户需求连接在一起变得越来越重要。20世纪70年代中期的客户导向终结了。但正如同早期单一的导向，它导致不成比例的夸大化，最终损害了股东的权益。

我们面临的下一个挑战就是要用财务业绩说话，获得好的报表数据，回报那些冒险把钱投资给我们的人。股东价值和财务绩效是重要指标，当然，我们仍然需要使业务流程既有效又高效，同时不吝惜于在我们的员工身上投资。股东希望从他们的投资中获得超额的回报，如果公司业绩不好或者不像股东期望的那样好，他们就会威胁撤资。尽管我们有必要缩减财务管理和组织绩效方面的支出，但是如果我们那样做的话，公司的可用资产会大幅波动，这样我们的焦点又从两难问题的一端转到另一端。追求业务流程的效率和效果的需求（科学管理）、关注员工关系、客户导向和满足股东需求中的任何一个理念都没有消退，这也为我们制造了许多的两难问题。

最近，很多组织又多了一个需要应对的问题，即以实际行动回馈社会。早期这被称为"企业社会责任"，主要包括为社区免费提供物品，采用绿色生产方式，践行零排放标准，以及很多其他以社区为基础的行为。这里的核心问题是，所有这些投资必须要为组织带来某种类型的回报。

处理"两难问题的组织"或"组织的两难问题"的一种方式是对每个元素进行单独测量，但是如果我们能够把它们综合起来处理，我们将会得到更大的回报。领导者必须同时关注至少两个需要协调的元素。回顾一下合并目标——这些目标都来自这里所讨论的组织两难问题。表3.1描述了全球组织都高 面临的十个全球经典两难问题。

表3.1 十个全球经典两难问题

| 经典两难问题 | 一方面 | 另一方面 |
| --- | --- | --- |
| 1 | （员工）为了组织未来发展，我们必须开发和培训员工 | （业务流程）我们必须节约成本，以结果为导向 |
| 2 | （股东）为了股东利益，我们必须尽可能地降低成本 | （业务流程）我们必须为实现长期的稳定发展进行投资 |
| 3 | （业务流程）我们必须提供满足质量要求的标准化产品或服务 | （客户）我们必须提供满足当地客户偏好和需求的产品或服务 |
| 4 | （业务流程）我们需要关注现金流和运营资本 | （社会）我们应当以可持续且负责任的方式服务社区 |
| 5 | （员工）我们需要激励员工，给予员工奖励 | （股东）我们应当使我们的股东满意 |
| 6 | （员工）我们应当说服客户/接受我们能够提供的新方案 | （客户）我们应当优先关注客户而非我们自己的偏好 |
| 7 | （员工）为所有的员工提供平等的机会 | （社会）我们应当施行积极的差异化以增加员工多样性 |
| 8 | （员工）我们应当满足客户需求 | （股东）为了股东，我们应当增加收益和资本 |
| 9 | （股东）我们应当立足于目前的业务，最大化股东利益 | （社会）我们应当适应未来社会的发展 |
| 10 | （社会）我们应当提供能提高我们社会声誉的产品或服务 | （客户）我们应当提供客户所需的产品 |

仅仅评估两难问题并不能创造价值，我们需要协调并解决这些两难问题。多年来，我们一直在不断地完善协调两难问题的方法，现在它已经成为我们评估、测量、采取整合措施以建立信任和创造共同财富的准则。在这一系统性方法中：（1）竞争与合作会产生竞合；（2）与用户定制化紧密相连的大市场和高产量会为企业创造大规模定制化价值；（3）广泛关注个人需求的同时发展特定的技术专长会建立信任和创造共同财富。

接下来我们将会解释协调两难问题的要点。

**信任：协调两难问题的要点**

根据我们对全球商业决策过程的长期研究，我们发现至少有两种表面上看上去对立的方法可用来协调两难问题。尽管全球企业面临着大致相似的挑战，但不同文化下的企业采取了完全不同的方法来解决问题或应对挑战。美国人应对挑战和危机的方式与日本人几乎完全相反。这些应对危机的方式没有好坏之分，它们仅仅是解决问题的不同方法，重要的是我们必须要知道我们的文化与其他人文化的不同之处，以提高我们的全球竞争力。

通过分析全球企业所面临的数以千计的两难问题，我们发现有一种方法可以识别、描述、处理和协调两难问题，这种方法能够提高员工的工作投入度、承诺和贡献，并且能够维持方法本身产生的结果，尤其是当两个不同的组织想要整合在一起时。我们经常看到，当客户导向的组织被股东导向的组织接管时，就会面临应该选择哪种价值观导向的问题。一旦某个问题被描述为两难问题，并用我们的两难问题方格表示出来时，所有的参与者都能在两难问题图中找到他们的位置，而后找到整合策略。两难问题图解释说明了不同文化下人们观点的差异，并且识别出我们先前未意识到的挑战。在我们确定整合思路和解决方案之前，两难问题图就已经直接且清晰地为我们描述出解决方案应该是什么样的。

图3.6展示了高层管理者在两难问题上的当前得分和理想得分，这些两难问题是他们的团队在合并过程中不得不协调的。

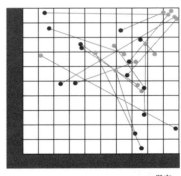

客户/供应商：
我们需要不惜一切代价满足客户的需要。

● 目前状态
● 理想状态

股东：
我们需要使股东满意。

图3.6　两难困境的目前状况和理想状况

在我们被邀请去协助组织一个会议很久之前，人们已经开始纷纷研讨两难问题，但由于没有取得任何进展，大家受到了很大挫败。在那个会议中，我们只是在网上问了受访者几个问题，证实我们正确描述了两难问题，并且记录了每位受访者在两难问题方格中的得分。方格中的15对圆点及它们之间的差距表明新的管理团队成员之间对所测问题的看法很不一致。但是他们都一致把这个问题视为需要协调的两难问题。看到同事们有动力且有意愿移动到（10，10）区域，这就鼓励大家提出更多的开放性问题，识别达成共识的不同方式，重新认知团队的共同目标。我们演示了冲突解决方案并带领团队演示了一遍协调两难问题的步骤之后，问题很快被解决了。我们也考虑了一些"异类"（outliers），即那些持有潜在争议性观点的团队成员，他们的观点不应该被忽视，因为它们能帮助我们改善方案。

这些图表变成了两难问题图，一些参与者也把它们称为信任图。通过不断研讨，这些图变得越来越详尽和精确，最终成为不同群体间解决极其复杂问题和协调争议观点的沟通工具。

商业合并中最重要的挑战是以两难问题的形式出现在我们面前的，但是我们却习惯用线性思维来解决问题，很难把这些问题描述成两难问题。在我们定期翻阅甚至参与过的大部分企业管理研究中，大多数人试图寻找一种"最好"的解决问题的方法，而两难问题的方法并没有得到重视。

两难问题使我们能够探究和识别我们的价值导向并与他人交流这些价值导向。有些人虽然持有与我们完全不同的观点，但也希望能够找到一种结合了我们双方理念优势的解决方案，与这样的人交流甚至对峙都是很令人兴奋的，因为这种冲突正是我们所说的创造价值和共享知识的过程。就像我们在科学界的发现那样,跨学科的研究更有可能创新。能够理解、处理和协调两难问题的人比其他人更富有创新性,他们的学习能力比其他人更强,也通常被其他人视为更好的领导者和管理者。我们的最新研究表明:擅长协调两难问题的人更有可能得到提拔,也将会是优秀的关键部门和盈利部门的领导者。[1]

因此,我们可以得出这样的结论:描述和协调两难问题能够帮助我们识别值得组织、团队和个体追求的关键价值观,因为这些价值观有助于让我们专注于为公司创造利润及实现公司的可持续发展。

我们需要用一种经得起员工(人力资源)检验的系统性方法和测量方式来定义人力资本和人才管理。人力资源应该对资本资源起到数倍的杠杆作用,即集体智慧提高了财富创造。让我们从两难问题的视角评判一下组织,员工和管理者不得不解决两难问题,两难问题协调方法形成了两难问题图和信任图,正是从这个角度的审视起到了杠杆作用。由于这种方法是包含性的,它也发展出很多革新的、值得信任的关系。

**可持续性、可协调的两难问题和整合领导力**

为了充分利用组织的人力资本、创造财富和建立信任,需要重新建立商业关系,当然,对于并购企业尤其如此,并

---

[1] Trompenaars, F. *Riding the Whirlwind*, Infinite Ideas, Oxford, 2008; and Hampden-Turner, C. *The Singapore Experiment*, Inter Cultural Management Publishers, Amsterdam, 2009.

购企业会经历一个复杂的过程，包括整合人们的才干、技能，以及更重要的动机。

如果人是我们最宝贵的资产，那么我们应该提供一种人力资本工具来解决这个问题：如何建立可信任的人际关系。值得信任的关系是创造财富的基础。我们识别组织中的两难问题、战略冲突和现实的整合问题，并且检验我们在这几方面关系的优势。组织的关系多种多样，我们应该接受这种多样性，因为这能够使我们获得一种更为创新和包容的应对商业挑战的方法。

权力不再是通过我们在组织中担任的角色获得，而是通过我们在组织中的关系获得。与战略、结构、专家、团队和个体之间的关系是组织成长的动力，当然也是在组织内和组织之间建立信任的关键。如果我们能够将这些关系建立在一种共同的价值观和清晰的愿景上，并能够用图表来绘制这些关系，那么我们需要做的就是将这些关系进行描述、定位，从而让我们的团队能够处理组织整合中的关键两难问题。

仅凭个人的努力不能创造价值。一个人需要与其他各种各样的人建立关系，这种多样性是价值创造的基础。组织中人与人之间的关系能够产生大于个人关系之和的价值。如果我们用一个系数乘以每一个多于两人的关系，我们就能更精确地测量这种多重关系的作用，这比简单地认为首席执行官拥有很大的关系型权力要精确得多。这种方法的价值在于各个员工之间的关系强度和各个层级之间的关系强度。

我们应该从结构两难问题、战略两难问题和团队两难问题三个方面来检验组织中各种关系的强度。关系必须要包含决策方面的，至于是否还要包含其他方面的关系则取决于两难问题的范围。我们经常面临一些让参与者觉得没有足够的资源或者能力去解决的两难问题，在这种情况下，我们需要得到其他团队和个体的帮助。

协调两难问题是一个持续的、重复的、可靠的过程，并且在组织的各个方面都可以被应用，意识到这一点很重要。这一过程也包括了各类评价工具和自动识别组织内两难问题的方式，以避免成本高昂的大规模访谈。

当我们解决了文化和战略的两难问题后，这些两难问题并不是简单地消失了。新的两难问题又会出现，我们需要一次次地使用两难问题协调方法。在组织中，我们应当时刻树立危机意识并及时处理危机。与第一次危机不同的是，以后的每次危机都可以参照相同的两难问题形式来描述，这样每个人就能快速地利用两难问题图确定他们自己的位置，团队能够更快地识别解决路径，对面临的挑战产生共同理解并在图表上标示出来。在评估了每个战略步骤的利弊后，立刻就能确定战略方向。

不考虑环境的变化，协调两难问题的过程通常是稳定的。环境的变化通常会产生新的两难问题，而不是针对同一两难问题的不同解决方法。然而，无论两难问题的管理方法应用在组织的什么地方，其过程都是一样的——可靠的、重复的和持续的。

**两难问题的协调方法**

我在以我们的国际客户为调查对象，经过多年的改进和检验后，我们提出了一种四步骤的描述性方法来协调两难问题。这四个步骤不仅是每个阶段"要做的事"，而且每一步本身都代表了一种学习的过程，因此，我们可以对每一个步骤进行独立的评估并对其做进步的修正。每一个步骤都阐释了思维模式转化模型的不同部分。这里，我们主要关注两难问题协调方法的实践应用方面，比本书第二部分的概述更为详细。这有助于我们定义和描述两难问题、应对挑战和从整合过程中受益。

首先让我们看一下这四个步骤如何应用于整合重要的两难问题，以及在对立的价值观之间创造有价值的关联。

步骤1：识别两难问题

首要的任务是使所有相关人员意识到商业差异的存在、重要性，以及它们如何影响商业方面的知觉和结果。文化，就像洋葱一样，分为许多层级，这些层级可以一层层地剥开。

我们将文化划分为三层。首先，外层是把人与文化联系在一起的东西：可视的客观现实，如行为、衣服、食物、语言、组织图表、人力资源政策手册等。这是我们之前所说的显性文化。

其次，中间层指组织的规范和价值观：对"对"和"错"（规范）、"好"与"坏"（价值观）的认识。

最后，第三层是最深的内层，即不容置疑的隐性文化，它是人类协调那些经常出现的两难问题的结果。它包括基本假设、惯例和处理常规问题的方式。这些解决问题的方式以至于我们不需要再思考该怎么做。

对于外来者，他们很难认可这些基本假设。理解文化的内核成功地与其他文化群体共事、联盟及跨国合作是非常重要的。

因此，虽然我们很快就能识别显性文化的不同，但我们可能没有意识到隐性文化的不同。因此，在并购前后，公司所做的尽职调查经常缺少对文化方面的审查。

有一家德国电子公司，该公司的音频技术很先进，但缺乏营销技能。于是，这家德国公司决定收购一家以客户为导向的美国企业以弥补他们的弱点。在一次团体会议上，他们讨论最新MP3播放器的营销问题，这些来自不同组织的参与者并没有意识到：他们中的一些人把MP3播放器看作一种"不被打扰地欣赏自己喜欢的音乐"的设备，而其他人则把MP3播放器视为一种"欣赏自己喜欢的音乐，而不用打扰其他人"的设备。我们需要用一种结构化的方法及与之相关的思维模式才能发现这些隐含的差异，并揭示存在的潜在问题。

在合并前后的讨论中，合作双方可能认为他们持有共同的观点和相似的价值观导向，也会对他们谈论的事情赋予相似的意义，但他们没有意识到他们正在从不同的视角讨论问题。当两种价值观发生冲突时，人们会自然而然地评估这两种价值观的利弊，如图3.7所示。

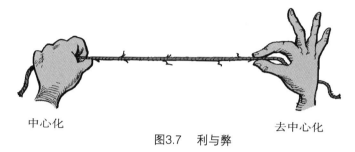

中心化　　　　　　　　　　　　　　　去中心化

图3.7　利与弊

步骤2：尊重两难问题

不同的文化导向和世界观并没有对错之分——仅仅是不同而已。有一些人，他们对世界赋予与我们不同的意义，对这些人我们很容易产生武断的判断和不信任。所以，接下来我们要做的就是尊重差异，接受其他人用他们的方式理解世界的权利。

因为人们拥有不同的世界观，因而对看似相同的事物会赋予不同的意义，我们发现这些差异可以用两难问题的形式显现出来。我们使用了表面上看上去对立的两种观点，很多人会用一条直线的两端表示它们。你只能持有其中一种观念，或一种观点多些，则另一种观点少些。

从根本上说，这种思维方式是有缺陷的，它源自在西方国家广为接受的笛卡尔哲学。而我们需要用不同的方式思考，对共存的可能性持开放的态度。通过把单维的两极直线转化成双轴图，我们创造了一个"文化空间"（culture space），在这里我们能够以一种新的范式对话、探索新的解决方法，正如图3.8所示。

# 第三部分 关系和两难困境

图3.8 把矛盾描述为两难问题

步骤3：协调两难问题

我们收集的数据越来越多地表明：在企业联盟（包括兼并和收购）中，财富是通过协调价值观创造的，这是对企业并购研究的新贡献。

文化尽职审查是协调那些表面上有分歧的观点的一种方法。我们的模型有助于识别和定义那些真正能够使合并有效的行为。这种新方法对于组织处理合并中与社会性相关的事宜有指导性的作用。新方法的逻辑就是整合差异。正是这一系列的行为使人们能够有效地与持有对立价值观系统的人进行互动。新的方法要求人们在对互惠互利的期待中，能相互理解对方的处境，这种思维方式对于很多西方人而言可能比较有挑战性。

我们会这样提问：如何通过实现价值观A来更多地满足价值观B，或者是通过实现价值观B来更多地满足价值观A。带着疑问，我们寻找能同时实现两种价值观的方法。

图3.9的例子表明，当我们在从事一些"去中心化"的活动时，也同时在"中心化"关于这些活动的知识。我们正在试图将两个端点的优势联合起来，我们得到的不仅仅是两个端点的优势，还有它们的协同效应。

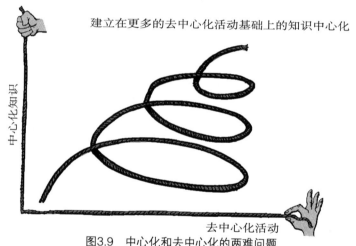

图3.9　中心化和去中心化的两难问题

步骤4：实施和巩固

现在，我们需要实施和巩固先前的活动。在此我们关注的是寻找系统中的关键点来协调两难问题；有时候，更重要的是我们要如何维持这种协调。我们想要整合人力资源流程，还是想要实施新的品牌战略？我们想要通过干预领导风格来维持它？还是想要通过引进一项信息技术和知识管理方案来维持它?

**全球性两难问题与整合领导力**

协调两难问题的领导者应该学会通过整合方法来领导执行团队。我们发现可以教会领导者这种方法,而且能够评估他们的整合成果。当我们研究优秀的协调者到底在做什么时,我们发现很多优秀的协调者都是直觉型整合者。大多数优秀的协调者都没有意识到他们是多么擅长协调两难问题,也没有意识到他们正在实施的整合方法的每一步所包含的所有事情。他们仅仅把这些看作他们的工作方式而已。有些人的学习模式更为深思熟虑,在领导团队应对挑战时,他们的每一步都有迹可循。但是大多数人都是直觉型的,并且很难把他们的能力显性化。

尽管他们潜意识下的才能对他们自己很有用,但是由于这些技能没有被识别出来,因此不一定能给组织创造最大化利益。在测试了10 000多位领导者并研究了大多数人的特质和习惯后,我们发现了哪些行为使得这些人成为优秀的、直觉型的协调两难问题的领导者。根据前文提到的两难问题协调过程的四个步骤,我们把这些优秀的领导行为分为四类,与这四个步骤对应,这四个类别又分别包含三个具体的方面,在实际的研究和文献研究中,我们发现这些方面对跨国组织的领导者至关重要。

图3.10从领导者胜任特征的角度描述了全球领导能力模型如何与我们在第二部分提到的ICP模型相匹配。

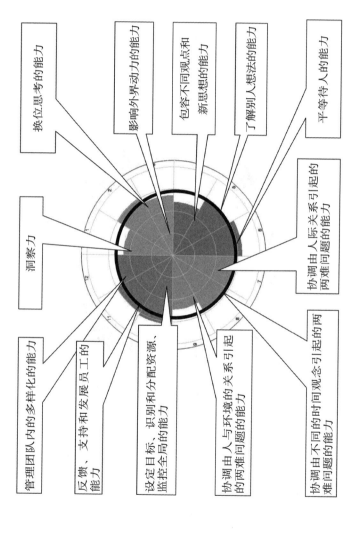

图3.10 跨文化能力构成要素

使用这个工具我们能够识别组织中的杰出的整合领导者,并凸显他们的行为。我们发现协调能力强的领导者都具有如下行为特质:他们通过不断地整合组织内的差异及自己组织与其他组织(包括客户和供应商等)的差异来创造价值。这些人了解自己的才能,同时他们也尊重、欣赏其他人的才能。在整合差异时,通常他们知道怎样使两难问题在战略、组织、团队和个体层面上发挥效用。杰出的领导者能够区分两难问题和组织中的错误,并在它们之间做出正确的选择。我们不仅能够成功地评估那些杰出的领导者,我们还能够帮助他们将其隐性才能显性化,这样我们就能在组织内训练他们的才能,并产生杠杆作用。在组织中,使用一种可持续的、可靠的和可重复的方法来整合以价值观为基础的元素是非常有效的,因为它支持并鼓励多样性和创新。

我们进一步把我们的研究发现和得分与很多组织对成功领导力的测量得分联系在一起,我们发现用我们的评估工具识别潜在的领导者的正确率是90%。在行动学习研讨会和领导力开发的活动中,我们能够应用四步骤学习方法和两难问题协调方法来支持现有的和潜在的领导者。很多年以前,我们和Michael Dell就协调两难问题这一主题进行过讨论,那时我们正在期望我们的书《21世纪的21种领导者》(*21 Leader for the 21st Century*)能够出版,Dell说他可以用两难问题协调方法来把他的直觉能力扩散到他的管理团队上。HSBC的一位高层管理者在与我们进行一段时间的专题讨论会和辅导训练后，他开始在自己的管理团队会议上提出两难问题，让与会者讨论并解决这些领导者能够优化这种协调方法，来帮助他们发挥团队的最大功效，尤其是在解决那些需要进行整合或创新的问题时。

**是什么联结着我们？是什么使我们产生分歧？为了整合，我们应当做什么？**

在本书中，我们把协调战略视为是"高屋建瓴"（riding high）的，因为在协调过程中组织中各个部分的精华产生了协同效应。当我们对组织的相同之处与不同之处给予同样重视时协同效应就会产生。整个过程就像钟摆，因为顶部是固定的，它可以在底部左右摇摆。钟摆顶部固定的强度代表了价值观的灵活性，而摆线的质量代表了管理和领导能力的强弱。在并购过程中，这三个部分都会受到压力，为了能够在整合过程中有所创新和获得成长，必须要彻底消除这些压力。只有在合并开始的100天内解决这些问题，合并才有可能成功。

我们的方法是一种三位一体的方法，它包含三个主要的观点：

**领域1：是什么约束着我们，使我们相互联结？**

我们的立场及未来方向：这能够使我们为新成立的组织制定愿景和价值观框架。

**领域2：是什么使我们产生分歧？让我们有所不同？**

合并的组织之间在愿景和（文化）价值观方面有很多不

同，导致两难问题的产生。我们在处理这些两难问题的方法上存在差异。

**领域3：我们如何从领域1中获益，又如何去处理领域2?**

- 践行愿景和价值观框架并创造共同的行为；
- 协调商业两难问题和提出"双赢"的解决方法；
- 开发关键的领导行为：觉察、尊重、勇气、毅力、谦虚、守纪律和言出必行。

三位一体的方法能够对任何新组织的文化和价值观进行整合和重新定义，并且这种方法也能确保上述文化和价值观支持组织既有的和调整后的愿景与使命。协调原来公司之间的差异能使新公司在很多方面构建共同的平台，如人力资源、核心价值观、人才管理、领导行为、领导力开发、品牌建设及未来的其他业务流程。在整合和变革时期，开发文化和业务流程能够调动员工的工作积极性，激发员工的工作动力和提升员工的承诺。通过这种方式，我们创建了一个稳定的、未来导向的公司形象，并且同时支持新公司的战略导向和市场定位。

当我们把战略、结构、人力资源、供应商和客户系统地联系在一起时，才能实现整合的最大绩效。在更广泛的情境下，我们把这种方法定义为：为了获得最大化的绩效，协调不同的目标、价值观、结构、功能和文化。

总结

当今的商界是非常复杂的，简单的整合方法无法应对，这就是很多合并未能获得预期收益的原因。我们开发出了一套综合解决方案来帮助客户真正实现文化多元化，并实现和维持兼并、收购和联盟带来的收益。我们所有的咨询方法和领导力学习方法都是我们与客户在一步步使用我们开发的方法时一起创造出来的，这种方法可以根据客户的特殊需求进行调整。我们的目标是把协调两难问题的过程中所蕴含的知识传递给我们的客户，以便他们能够在未来的运营中通过自己的领导力和管理继续有所收获。

我们想要强调的是，这种方法不仅仅是简单地避免冲突、误解和困窘的方法，更重要的是一种协调差异以达到更高水平和通过联合不同的观点以实现商业利益的方法。领导者的任务是在管理中持续不断地创造，并尝试在彼此对立的观点之间建立关联。希望我们已经帮助你认识到这些观点潜在的价值观导向，以及这些观点之间的对立关系；为了从整合中获得所需的利益,你必须要识别、尊重和协调这些关系。我们应当在可重复使用的战略方格中描述这些观点之间的对立关系,这种战略方格实际上直观地测量了需要协调的分歧,这有助于组织理解共同的目标和产生共同语言——这对任何商业整合的成功都是至关重要的。

我们开发出的这套测量工具,如果使用顺序得当,能够提供可持续的人力资源整合流程。在这个流程中,我们用透明而直接的方式应对凸显的整合挑战和两难问题,来实现组织的愿景、使命和价值观。这个过程应该由一些有经验的管理者来领导,我们也要对这些管理者从整合企业各个层级的人力资源过程中创造价值的能力进行评估。我们发现,除了使用一致的方法外,实现成功整合的最重要的因素是:(1)紧迫感;(2)高层领导和承诺。

在组织中,如果缺乏上述两个因素,就很难做成任何事情,更不用说像整合这样复杂的问题了。

我们这个流程最大的优点之一是:只要参与前期阶段,所有的领导者都能掌握协调两难问题的方法。领导者经常要处理两难问题,他们解决两难问题的技能通常很熟练。而我们的方法能够使领导者的技能得到进一步提开,产生杠杆作用,并且能够成倍地增强他们的能力。我们研究的另外一个重要部分是能够重新定义一个组织的战略基本元素,如重新确立愿景,制定宏伟目标,形成新的价值观,以及产生相应的显性的、可测量的行为。由于上述问题彼此间都是一致的、关联的，所以我们的方法除了服务于企业并购外，还能够服务于多种目标。我们在使用行动学习方法进行战略领导力开发时，就经常使用两难问题协调方法来揭示出组织挑战中隐含的各种分歧。

希望我们介绍的方法能帮你舞出独特的"整合探戈"的风采。

# 如何从两难问题中获益?
(代译后记)

有人说，跨国并购中超过70%的案例都以失败告终，而其中70%失败的根源在于文化整合，并将此现象命名为"七七定律"。我们认同前者，因为它是一个客观事实，有数据支持，但是，我们对后者存疑，因为它只是一种主观诠释。

作为从事跨文化沟通和管理的学者，我们非常认同文化的重要性，但是，我们不愿意"王婆卖瓜，自卖自夸"。企业经营的成功需要很多因素在特定时空条件下的长期积累，而企业的失败则不然，只需要其中任何一个关键性因素出了问题（不管是现金流中断，还是产品质量安全不达标，抑或是高层管理团队内讧等），就会"兵败如山倒"，从而在短期内引起恶性的连锁反应，最终功亏一篑。因此，企业的成功和失败呈现出一种非对称的、非线性的规律。文化只是影响跨国并购成败的因素之一。

但是不容忽视的是，文化是影响跨国并购成败的深层次、重要原因之一。因为它不仅直接影响着并购的成败，还会通过所有其他的关键因素潜移默化地、间接地影响并购的成败。文化差异可以影响高层管理团队的整合，影响员工的组织行为，影响人力管理制度和实践，影响新产品开发的策略和过程，影响市场营销策略的制定和实施，影响消费者的态度和购买行为，甚至影响财务管理系统的构建和使用，以及ERP系统的正常运行，等等。如果说前者是文化影响企业并购的直接效应、主效应，那么后者就是文化影响企业并购的中介效应和调节效应。所以说，文化的影响无所不在，且传播深远。

自21世纪以来，中国企业跨国并购的步伐越来越大，并购金额和并购案例数量屡创新高，这就为理论界和实践界提出了前所未有的挑战：发展中国家的跨国公司如何成功并购发达国家的公司？尤其是在国家品牌不够强大、民族文化不够强势、西方中心主义仍然甚嚣尘上，国际化并购人才奇缺，并购管理经验不足，以及部分发达国家设置限制性政策和审查壁垒等条件下，中国企业如何在国际市场上杀出一条血路？这势必是前无古人的艰难探索。虽然理论界已经有一些经验和模式总结，也出现了不少成功的并购案例，但是，深层次的理论整合和可操作化的整合工具仍然比较欠缺。

而《全球并购中的探戈》是难得一见的可操作化的工具之一。作者Trompenaars是著名的跨文化管理大师，他早在20世纪80年代出版的《跨越文化的浪潮》（*Riding the wave of* culture）就使得他跻身世界一流的跨文化管理专家之列，与他的荷兰同乡Hofstede齐名，但是，他的理论比Hofstede的理论更具有可操作性，因为他一直在经营一家专注于跨文化管理的咨询公司，有一个强大的数据库支持，测评过超过10 000位管理人员，服务于全世界最著名的一些跨国并购案例。

最难能可贵的是，Trompenaars是早期西方学者中最具有悖论整合思维的学者，其学说也最为接近中国的阴阳辩证思维，他甚至比Hofstede更了解中国。他对文化有自己独特的定义，他认为"所谓文化，就是人类对所面临的一些共同问题的独特的解决方法"。其中，人类面临的共同问题，就是指"人和环境之间的关系、人与人之间的关系、人如何看待时间和空间"等。在解决这些共同问题的过程中，不同国家和民族采用不同的解决方法（或者有不同的出发点，或者强调问题的不同侧面），从而表现出多姿多彩的文化特质。在Trompenaars看来，文化没有高低贵贱之分，只有差异，所以，在并购中首先要做到"认知文化差异—尊重文化"，才能做到"协调文化差异—实现文化整合"，才能实现预期的商业目标和商业利益。

我们知道，管理中充满了各种针锋相对的悖论，例如，短期导向—长期导向，经济利益—社会责任，客户导向—技术导向，强调大量投入研发资源、面向未来的开发式学习—强调充分利用现有技术储备、提高短期效益的探索式学习等，不一而足。管理者每天面临的不是简单的"二选一"的非此即彼的选择题，而是如何协调和整合诸多悖论和两难问题的开放式问题。这种两难问题在企业并购中表现得尤为突出，是最为考验领导人智慧的磨刀石。套用美国著名小说家Fitzgerald的一句名言："检验一个人是否具备一流的智商，就看他能否把针锋相对的两个事物整合在一起，并且运转自如。"Trompenaars在本书中就为我们这些不具备一流智商的人提供了一套行之有效的文化整合工具（三阶段十步骤模型），帮助我们顺利地进行公司合并。

需要强调一点的是：虽然本书的名字是《全球并购中的探戈》，但是，我觉得本书的读者并不仅限于那些渴望在国际舞台上大展拳脚的领导者，所有组织（包括商业公司、政府机构、非营利组织等）的领导者，无论经营规模大小，或是否国际企业，只要涉及任何类型的合并和整合，都可以从本书中获得极大的启发，因为本书中所使用的理论模型和分析工具并不局限于跨国并购情境。译者之一的赵向阳博士长期从事跨文化管理和沟通的研究和教学，其所主持的大型研究项目《中国区域文化地图》深入地测量了中国31个省、市自治区的文化异同，发现中国文化既不是"大一统"，也不是"多元化"，而是一种马赛克类型的复合型文化，这就为中国企业进行国内并购提供了非常有价值的参考信息。只要结合本书所提出的理论框架和《中国区域文化地图》的经验数据，国内并购就能进行得更顺畅一些。

推而广之，面对悖论和两难问题，采用协调与整合的方式，不仅在企业之间适用，在团队之间，甚至人与人之间，它也常常是解决问题。达到共赢的基本思想。我们身处一个VUCA（快速变动、不确定、复杂和模糊）的时代，如果一个人不能理解和接纳这种复杂性、不确定性以及进行决策时的两难和犹疑，无法进行换位思考和视角转换，就很容易陷入对抗、人际关系紧张、焦虑和抑郁之中。知觉和理解差异，善于协调和整合差异这是所有文化中最究竟的智慧。佛教把这叫作"圆融"或者"不二"，道家把它叫作"一"或者"道"，儒家把它称为"中庸"，亚里士多德把它称为"中道"等。但是，唯有发端于西方学术传统中的Trompenaars提供了一个可操作化的工具，帮助我们理解差异、整合差异，并从中获益。而这一理论和工具也引领了国际管理学界最近十多年来的发展潮流：管理学正在从第一个发展阶段"最佳方法"（one best approach,1910—1970），经过第二个发展阶段"权变理论"（contingency approach,1970—2000），开始进入第三个发展阶段"悖论整合"（paradox approach,2000年至今）。在第三个发展阶段，如果中国管理学者积极努力，那么，发端于中国本土的阴阳辩证思维也可以发挥自己的独特魅力和普世价值。

本书初稿是由北京师范大学经济与工商管理学院的四位研究生进行翻译的，他们是熊娟、朱金强、常羽和王帅，赵向阳博士和李姣博士对初稿反复进行了审校，对他们的付出表示由衷的感谢。最后，我们要感谢北京大学出版社联系作者进行了授权,感谢周莹女士后期的精心编辑。我们尽可能地忠实于原文的翻译,将错误控制到了最少,希望读者能从中获益。

2016年9月10日教师节于北京师范大学